Ute Friesen

Cafés & Ateliers rund um Stuttgart

Besondere Menschen und Orte laden ein

Für Eugene

J. BERG

Inhalt

Blick aus dem Rems-Murr-Kreis auf den Hohenstaufen, einen der drei Kaiserberge.

Kreis Böblingen

Kreis Ludwigsburg

Vorwort

Um Stuttgart herum liegt ein großer Speckgürtel. 140 Gemeinden bilden die Landkreise Böblingen, Esslingen, Ludwigsburg und den Rems-Murr-Kreis. Hier leben fast zwei Millionen Menschen, mehr als dreimal so viele wie in der baden-württembergischen Landeshauptstadt selbst.

Es ist eine wirtschaftlich erfolgreiche Region, ein Zentrum des Exports, aber nicht weniger ein Zentrum für kulturelle und kulinarische Leckerbissen. Und so wundert es nicht, dass es im Speckgürtel nicht nur ausgezeichneten Speck, sondern jede Menge Cafés und Konditoreien gibt. Es war unglaublich schwierig, die empfehlenswertesten auszuwählen. Ausgesucht habe ich Kuchenbäckerinnen und Baristas mit Ideen, mit Lebensgeschichten, die es wert sind, erzählt zu werden, weil es die Gründerinnen und Gründer sind, die ein Café zu einem inspirierenden, behaglichen Ort machen. Alle hatten den beachtlichen Mut, eine persönliche Oase der Ruhe und der genüsslichen Schlemmerei im Gewimmel der Metropolregion zu schaffen und zu hoffen, dass das Angebot angenommen wird.

Auch mit Ateliers um Stuttgart hätten sich Bände füllen lassen. Deshalb ist auch hier die Auswahl nur ein Anstoß, ein kleiner Einblick in das Leben von Menschen, die mit unterschiedlichen Materialien arbeiten, verschiedene Ziele verfolgen und ihren Gedanken künstlerische Gestalt geben. Sie alle tragen dazu bei, unsere Region zu einem bunten, lebendigen und toleranten Fleckchen Erde zu machen. Ich habe neben Künstlern mit Renommee auch Kunsthandwerkerinnen aufgenommen. Es ging darum, die Vielfalt des Schaffens und der Schaffenden, wenn schon nicht abzubilden, so doch anzudeuten. Die Porträts sollen Lust darauf machen, aufzubrechen zu den beschriebenen Orten. Einige der Ateliers werden als Kursraum genutzt, in dem jeder kreativ werden kann. Vielleicht werden auch Sie angeregt, hier künstlerisch zu arbeiten?

Eine kurze Anmerkung: Das Buch entstand in turbulenten Zeiten: Öffnungszeiten von Cafés haben sich schnell verändert und Kurse in Ateliers haben sich verschoben. Um Leserinnen und Leser vor Enttäuschungen zu bewahren, habe ich die Öffnungszeiten nicht angegeben, sondern bitte Sie, diese auf den jeweiligen Homepages nachzusehen oder telefonisch zu erfragen.

Ich danke allen Menschen, die bereit waren, mich in ihren Werk- oder Gasträumen zu empfangen und sich mir und den Leserinnen und Lesern zu öffnen. Ich danke auch für die köstlichen Rezepte. Wie sollte es in einer Region mit Streuobstwiesen anders sein: Es sind drei Apfelkuchenrezepte darunter, aber sehr, sehr spezielle. Und wer nach dem Lesen nicht losfahren kann, möchte vielleicht losbacken und die Region am eigenen Backofen erkunden.

Ute Friesen

Sonnengelbe Husarenknöpfchen am Hegnacher Scheunenladen

Cafés und Ateliers
rund um Stuttgart

Angela Munz

Leuchtendes aus weißem Gold

Aichstrut liegt im Welzheimer Wald. Man glaubt kaum, dass man sich noch im Großraum Stuttgart befindet. Gegenüber dem Atelier von Angela Munz befinden sich ein Misthaufen und eine Scheune. Die Künstlerin ist hier im Hofwiesenweg aufgewachsen, das Keramik-Atelier befindet sich im großelterlichen Haus. Die Landwirtschaft hat die Künstlerin schon vor langer Zeit aufgegeben. Sie ist aber froh über die ländliche und ruhige Umgebung. Die Kunden kommen auch hierher, ans gefühlte Ende der Welt. Es sind Wanderer und Radfahrer, Ausflügler und Touristen – Limesweg, Mühlenweg, Aichstrutsee. Das Atelier liegt günstig. Und doch hat Angela Munz genug Platz. Nur wenn sie auf Keramik-Märkte möchte, wird es etwas kompliziert. Zur nächsten Autobahn ist es eine Stunde Fahrtzeit.

Die bodenständige Künstlerin im Rollkragenpulli und in roter Schürze hat ihre Haare mit einem Tuch zurückgebunden. Ein Regal in ihrem Laden ist reserviert für all das, was die Leute aus der Nachbarschaft kaufen möchten: preisgünstiges, solides, haltbares und schönes Alltagsgeschirr. Es ist bunt bemalt. Es gibt Kaffeebecher, Müslischalen, Suppenschüsseln – und auf Bestellung stellt Angela Munz auch Namenstassen oder Knoblauchtöpfe her. Das hat sie gelernt – an der Drehscheibe eines Betriebs in Alfdorf, einem ehemaligen Zentrum für Töpferwaren. Sie hat gelernt, mit dem Malbällchen Muster aufzubringen. Und sie kann es noch.

Angela Munz ist nicht im Dorf geblieben, sondern hat nach der grundständigen Töpferlehre alle Abschlüsse erworben, die auf dem Gebiet möglich sind. Sie ist Meisterin für Baukeramik und staatlich geprüfte Keramikgestalterin. Ihre Gussformen für den Porzellanguss stellt sie selbst her. Sie ist und bleibt neugierig, probiert Neues aus, arbeitet gern mit Handwerkern anderer Gewerke zusammen, um gemeinsam Ideen zu entwickeln. Sie hat in den verschiedensten Töpfereien der Region gearbeitet – in Tübingen, in Heidenheim – aber auch festgestellt, wie unkompliziert es ist, in anderen Ländern in eine Töpferei zu gehen, mitzuarbeiten und dabei zu lernen. Selbst in China, ohne die Sprache zu kennen, konnte sie ihre Art, mit Porzellan zu arbeiten, zeigen. Die schien den chinesischen Keramikern ungewöhnlich. Sie selbst konnte im Gegenzug chinesischen Herstellern über die Schultern sehen.

ANGELA MUNZ

Hofwiesenweg 16 • 73642 Welzheim • munz-keramik.de • Tel. 07182/491 90

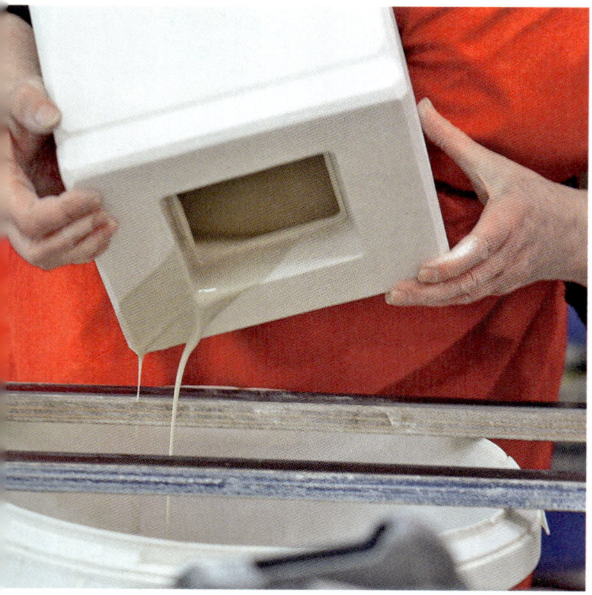

Das in China erfundene Porzellan ist das Lieblingsmaterial von Angela Munz. Porzellan ist ein Gemisch aus Porzellanerde, Feldspat und Quarz. Das macht das Material, das sorgfältiger verarbeitet werden muss und heißer gebrannt wird als Steingut, leicht durchscheinend und sehr hart. Diese Lichtdurchlässigkeit nutzt Angela Munz, um aus Porzellan Lampenschirmchen herzustellen. Bei denen, die sie auf der Scheibe geformt hat, kann man sehen, wo das Porzellan eine Spur dünner und damit transparenter ist. Andere Schirmchen sind gegossen und gelocht. Wiederum andere sind mit dem Malbällchen verziert worden. Das Muster hebt sich vom durchscheinenden Untergrund ab. Spiralige Muster überziehen die becherförmigen Leuchten. Man kann die verschiedenen Lämpchen kombinieren. Gerne gestaltet Angela Munz die Lampe nach den Wünschen der Kundinnen und Kunden. Manche möchten die Lampenschirme an einem gefundenen Stück Treibholz aufhängen, andere an einem alten Leitungsrohr. Jede Lampe ist ein Unikat.

Die Grundformen für die gegossenen Porzellanwürfel oder die hornförmigen Kleiderhaken kann Angela Munz häufiger verwenden. Sie hat einmal die Grundform geformt und dann ein Negativ aus Gips hergestellt. Die zwei zueinander passenden Halbschalen werden zusammengefügt zu einem Quadrat mit Loch. In dieses gießt die Künstlerin die vor dem Brennen noch hellgraue, flüssige Porzellanmasse. Sie stellt den Wecker, damit die Masse exakt lange genug in der Form bleibt, um sich an den Rändern abzusetzen. Sofort wischt sie den Rand

Der abnehmbare Hals der mattweißen Vasen erleichtert das Spülen.
Bei Angela Munz kann man zusehen, wie sie und andere Porzellanobjekte entstehen – vom Füllen und Ausgießen der Form bis zum Brand.

des Eimers ab, um ein Antrocknen zu verhindern. Die Porzellanmasse ist sensibel. Es darf kein Staub und kein Haar hineinfallen.

Wenige Minuten später hat der Gips Flüssigkeit aus dem Porzellan aufgenommen und es hat sich eine dünne Schicht von innen an der Form angelagert, die nun ausgegossen wird. Die Objekte müssen noch eine Weile in der Form trocknen, schrumpfen dabei, dürfen aber nicht unter Spannung geraten. Sonst reißen sie. In die Würfel, die später als Wanddekoration dienen sollen, wird deswegen eine Platte eingelegt, damit die Form sich nicht verzieht. Dieser Geradehalter kann nur ein einziges Mal verwendet werden. Bei 1340 °C im Ofen schmilzt der Quarzanteil, die Masse verliert ihre graue Farbe und beginnt, weiß und edel zu strahlen.

Viele Objekte belässt Angela Munz in Weiß, etwa die originellen, edlen Wippvasen, die sich immer nach einer Seite neigen. Andere, die verknautscht oder eingedrückt wirken, faszinieren, weil das harte Material und die weichen Formen in Kontrast zueinander stehen, genauso wie die Porzellanhörner, die als Kleiderhaken dienen. Bei einigen der ansonsten glatten und schlichten weißen Vasen ist der obere, filigran gestaltete Rand abnehmbar, damit der Rest der Vase mit der nun vergrößerten Öffnung in die Spülmaschine wandern kann, falls sich in ihr Ablagerungen vom Blumenwasser gebildet haben. Angela Munz lacht: »Bisher fand das jede Kundin praktisch, aber noch nie hat ein männlicher Kunde nach dem Zweck des abnehmbaren Vasenhalses gefragt.«

Angela Munz' Tipp:

Der Lieblingsort von Angela Munz ist die Hägelesklinge – bei Regen, wenn dort keine Touristen sind. Sie liebt die raue, pure und wilde Atmosphäre zwischen den Felsen. Gerne stellt sie sich dann die Geschichten vor, die sich dort abgespielt haben.

Beatriz Schaaf-Giesser

Im Filz der Erinnerungen

Viele der Werke von Beatriz Schaaf-Giesser erzählen Geschichte. Sie bewahren Erinnerungen auf, Erinnerungen an eine ungewöhnliche Familiengeschichte zwischen Deutschland und Südamerika. An den weißen Wänden des Ateliers ist zweimal ein Porträt der Mutter zu sehen, einmal in Filz, einmal als Druck.

Das geräumige Atelier der Künstlerin liegt in der alten Messerfabrik in der Badstraße in Winnenden. Die ehemalige Produktionsstätte beherbergt neben einer Physiotherapiepraxis und der verbliebenen Premium-Messermanufaktur Räume für Kreativität.

Eine durchscheinende Schiebewand durchzieht das Atelier mit seinem industriellen Charme. Auf der einen Seite steht der große Filztisch mit der metallenen Arbeitsplatte und mehrere weitere Arbeitstische, gedacht für Seminare, die jedoch seit dem Einzug ins Atelier 2020 nicht stattfinden konnten. Die auf die Türe zum Gang zuführende Wand ist mit Tafellack schwarz eingefärbt. Auf der Wand gehen mehrere, von kleineren Gästen gemalte bunte Dinos spazieren. Selbst auf dem Werkstattboden prangen einzelne Zeichnungen.

Im abtrennbaren Teil der Werkstatt steht eine Druckerpresse. In diesem Bereich liegen Zinkplatten, die mit Aquatinta-Technik, Ätzradierung oder Kaltnadel bearbeitet wurden. Hier entstehen auch geprägte Papiere. Momentan ist dieser Teil des Ateliers, in dem Beatriz Schaaf-Giesser Druckgrafiken anfertigt, der, in dem sie besonders oft arbeitet. »Ich behaupte, dass ich beim Filzen und in der Textilkunst Vollprofi bin. Bei den Radierungen habe ich noch zu lernen, auszuprobieren, zu entdecken«, sagt sie. Das Ausprobieren führt zu interessanten Bildern, etwa einer Darstellung der Lunge, in der die Fingerabdrücke der Künstlerin Lungenbläschen darstellen.

Die Lunge, das ist für sie die Basis der Existenz, ein Organ, in dem die Luft der Orte, an denen wir gelebt haben, aber auch Erinnerungen an Düfte der Vergangenheit gespeichert sind. Beeindruckend ist es, im Zentrum der von Beatriz Schaaf-Giesser aus Catgut gehäkelten, begehbaren Lunge zu stehen, hergestellt aus einem chirurgischen Nahtmaterial. Es war Schaaf-Giessers Vater, der das Material, gezwirnt aus dem Dünndarm von geschlachteten Rindern, in Montevideo beruflich hergestellt hat.

BEATRIZ SCHAAF-GIESSER
Atelier: Badstraße 6 • 71364 Winnenden • beatriz-schaaf-giesser.de • Tel. 07195/178095

B. Schaaf-Giessers Tipp

Der Gießübel, eine Kuppe zwischen Winnenden-Bürg und Birkmannsweiler, ist Beatriz Schaaf-Giessers Lieblingsziel für Spaziergänge. Es gibt dort alte Eichen und eine 270-Grad-Aussicht. Hier spürt die Hofenerin die Weite, die sie in ihrer Kindheit am Meer genossen hat.

»Heb es auf!«, hat sie den inzwischen wieder in Stuttgart lebenden Vater gebeten. »Ich will da was draus machen!«

Und wie kam der in Bad Cannstatt geborene Vater der Künstlerin dazu, in den Schlachthöfen von Montevideo die Därme abzuholen? Er war nach Ende des Krieges in die Schweiz gegangen, bis er genug gespart hatte, um von Genua aus nach Rio einzuschiffen und dann mit dem Zug nach Uruguay zu reisen, um seine Frau zu treffen. Ein Bild aus dem Familienalbum zeigt den Tag, als sich ihre Eltern, die sich in Stuttgart verliebt hatten und inzwischen per Ferntrauung verheiratet waren, in der Nähe der brasilianischen Grenze wiederbegegneten. Dieses und viele andere Bilder, die immer wieder erneuerten Pässe der Mutter, die Fingerabdrücke, hat Schaaf-Giesser eingefilzt. Auch Filzschalen, die außen aus dem Haar der Moorschnucke, innen aus Merinofilz bestehen und mit denen die Künstlerin auf der Textilkunstbiennale in Argentinien 2009 den ersten Preis belegt hat, bewahren die fotografische Erinnerung der persönlichen Migrationsgeschichte: Die Mutter war im Großen Werder bei Danzig geboren worden und mit der Großmutter der Künstlerin 1944 nach Dänemark geflohen, dort nach dem Krieg nicht weiter geduldet worden und daraufhin auf der »Vohlendam« nach Uruguay aufgebrochen, ein Land, das bereit gewesen war, die Heimatlosen aufzunehmen. Ein Bild zeigt die Mutter mit dem Lastwagen eines schon länger dort ansässigen deutschsprachigen Bauern, der die Ernte wöchentlich in die Stadt brachte und das Mädchen mitnahm, um in der Stadt Papierkram für die anderen Geflüchteten zu erledigen. Ein anderes Bild zeigt das Lehmhaus, das die Großmutter in der Kolonie Delta errichtet hat, benannt nach dem Nogat- und Weichseldelta im heutigen Polen. Die Großmutter war eine der Mitbegründerinnen der Kolonie. Heute engagiert sich Beatriz Schaaf-Giesser, die selbst in Montevideo aufwuchs, mit ihrem Sohn für ein Museum und ein neues Ortszentrum in Delta.

Schaaf-Giesser kam mit 20 nach Deutschland. Sie betrachtet ihre Arbeit als Respekt vor der Vergangenheit, aber auch als Therapie. In ihr sei immer noch von dem Schmerz der Generation ihrer Eltern und Großeltern vorhanden. Ihre Großmutter habe die Auswanderung nicht verkraftet. Obwohl die Künstlerin erst ein Jahr alt war, als ihre Oma ihrem Leben ein Ende setzte, und deswegen keine echte Erinnerung mehr an sie hat, fühlt sie immer noch die Traurigkeit, die ihre Großmutter empfunden haben muss.

Ihre Werke stellt Beatriz Schaaf-Giesser auf beiden Seiten des Ozeans aus. Sie war Gastkünstlerin bei der Textilbiennale in Uruguay 2017 und hat den ersten Preis bei der Biennale 2020 durch einen Videobeitrag verliehen bekommen, für den sie alte Webspulen verlängert und sie mit Wolle umwickelt hat, bis tanzende Figuren entstanden. Sie lassen sich wie Gebetsmühlen drehen und beginnen zu tanzen.

Hier ging es der Künstlerin nicht um die Erinnerung, sondern um Optimismus, darum, an etwas drehen zu können, was sich bewegt, was bunt ist und einen Moment der Freude zaubert.

Der dunkle Lastwagen mit der hell gekleideten jungen Frau zeigt die Mutter der Künstlerin auf dem Weg in die Stadt. Sie hatte schnell Spanisch gelernt und übernahm Behördengänge für die anderen Bewohner der Kolonie.

Cafeline bei Blumen Dürr

Köstlichkeiten werden zwischen Blumen serviert

Dunkles Holz, viel Fensterfläche, geschmackvolle, natürliche Deko: Evelyn Weiblen hat in ihrem Blumenladen vor vier Jahren ein wunderschönes Café eingerichtet – und damit das Beste aus dem vorhandenen Platz gemacht, was eine begeisterte Kuchenbäckerin tun kann. Gebacken hat sie schon immer nebenher. Nun aber tut sie es für die Cafégäste. Was sie serviert, ist keine Massenproduktion. Das schmeckt man.

Früher, als die Gärtnerei noch den Eltern gehörte, brauchte man viele Gewächshäuser und jede Menge Platz. Die Topfpflanzen wurden vor Ort gezogen, vom Steckling bis zur verkäuflichen Pflanze. Es ging eng zu bei Blumen Dürr. Alles stand voller Zimmerpflanzen. Das hat sich geändert. Es gibt Blumen im Baumarkt, es gibt Blumen im Gartenmarkt und sogar bei Lidl. Hergestellt werden sie von spezialisierten Erzeugern, die sich nur einer Gattung widmen und ihre Gewächshäuser ganz auf diese eine Pflanzenart einstellen, damit sie schnell und zuverlässig gedeiht. Eine kleine Gärtnerei kann da nicht mithalten. Zwischendrin waren Topfpflanzen zudem nicht zeitgemäß. Bei Blumen Dürr wurden Zwischenwände eingezogen, um überflüssige Flächen nicht mitzuheizen.

65 Jahre lang existiert der Betrieb bereits. Evelyn Weiblen ist in Schwaikheim aufgewachsen. Sie wollte erst Krankenschwester werden. Es gab zwei Jahre Wartezeit an der Krankenpflegeschule. So lange wollte Evelyn Weiblen nicht warten. Also lernte sie Floristin und schloss die Meisterschule an. Sie heiratete einen Gärtnermeister aus Bad Herrenalb, dessen Eltern ebenfalls eine Gärtnerei hatten, die zwar malerisch lag, aber nicht rentabel betrieben werden konnte. Als beide den Betrieb in Schwaikheim übernahmen, habe das ihre Eltern sehr gefreut, berichtet Evelyn Weiblen.

Vor zwölf Jahren starb Evelyn Weiblens Mann, woraufhin sie die Gewächshäuser aufgab und sich auf Blumen konzentrierte. Sie beschäftigt eine Floristin in Teilzeit, eine in Vollzeit, zwei Aushilfen und zwei Azubis. Es gibt viel zu tun: Pflege der Pflanzen, Auszeichnen, Wegbringen

CAFELINE BEI BLUMEN DÜRR

Blumenstraße 9 • 71409 Schwaikheim • blumen-duerr-schwaikheim.de • Tel. 07195/512 88

Evelyn Weiblens Tipp:

Wer sich nicht nur für Blumen, sondern auch für Nutzpflanzen interessiert, dem legt Evelyn Weiblen einen Besuch im Lehrgarten des Obst- und Gartenbauvereins ans Herz. Im Vereinsheim gibt es immer wieder öffentliche Veranstaltungen wie das Mostfest und das Blütenfest. Der Garten ist unabhängig davon immer zugänglich.

der Kartonagen, Grabpflege, Trauerfloristik, jahreszeitliche Blumendekoration. Blumen Dürr hat außerdem bei dem Blumenversand Fleurop ein großes Liefergebiet. Man kann sich Sträuße im Internet ansehen und bestellen. Evelyn Weiblen lächelt: »Wenn wir sie machen, ähneln sie schon den Vorgaben, aber wir binden sie schöner und geschmackvoller als auf den Fotos.«

Die Blumen kommen oft von der Blumenwiese hinter dem Garten, wo einst ein Gewächshaus stand. Dort wachsen Mädchenaugen und Zinnien, Malven, Cosmea, Kornblumen und für die Vögel Hirse und Amaranth. Die Samenmischung habe ihr der Lieferant des Samenhauses aus Gönningen zusammengestellt, dem schon ihre Eltern vertraut haben. Manches kauft die Floristin auf dem Großmarkt, anderes vom Lieferanten aus Ludwigsburg, der mit zirkulierenden Bewässerungssystemen, einem eigenen Blockheizkraftwerk und Niedrigenergiegewächshaus ökologisch verantwortungsbewusst arbeitet. Importblumen gibt es nur im Winter.

Ein Import aber fällt dem Cafébesucher sogleich ins Auge: In München auf einer Messe sah die Blumenliebhaberin eine Theke – ihre Theke. Sie war hergestellt aus dem bunten Frontteil eines Lastwagens aus Indien. Verkauft wurde sie von einem dänischen Anbieter für Upcycling-Möbel. Diese Theke wollte die Floristin haben. Und mit der Theke war der Entschluss gefasst: Ein Blumencafé sollte eröffnet werden! Die Cafégründerin bestellte Möbel im Stil der Theke aus Altholz. Das wirkt zugleich gemütlich und modern. Um die Werbung musste sie sich nicht sorgen. Es gibt in der Blumenstraße keine weiteren Einkaufsläden. Man bummelt zwar nicht vorbei, aber der Blumenladen hat seit 65 Jahren eine große Stammkundschaft. Und die nahm das Café gerne an.

Die Idee für das Café war schnell entwickelt, und Kuchen backen kann Evelyn Weiblen vorzüglich, doch nach der Entscheidung begann der Behördenparcours. Die Betreiberin musste ein zusätzliches Gewerbe anmelden, zusätzliche Stellplätze nachweisen, brauchte eine Genehmigung, um den Außenbereich zu nutzen. Gerade der ist ein Magnet. »Wenn das Wetter gut ist, sitzen alle draußen«, sagt Evelyn Weiblen. Verständlich, denn es ist wirklich heimelig in den eingewachsenen Ecken des Gartens.

Die Sträuße für die Gasttische innen und außen gestalten meist die Azubis und dürfen sich austoben. Werden sie den Traditionsbetrieb weiterführen, wenn die Inhaberin sich zur Ruhe setzt? Es sei schwierig, in der Branche Betriebe weiterzugeben, bedauert die Inhaberin. Nicht alle Unternehmen bilden so eifrig aus wie Blumen Dürr. Einst war Floristin ein Modeberuf. Es gebe inzwischen auch Männer – und gerade unter denen, die an Wettbewerben teilnehmen und dort auch gewinnen, sind viele männliche Blumenkünstler. Aber insgesamt habe das Interesse am Binden von Blumen nachgelassen. Und viele, die es gelernt haben, scheuen das Risiko der Selbstständigkeit. »Schön wäre es schon, wenn es weitergeführt würde«, findet Evelyn Weiblen. Darin ist sie sich sicher mit den Stammkundinnen und Stammkunden einig.

Die Upcycling-Möbel und Blumengirlanden machen den Innenraum des Cafés gemütlich, in das durch die großen Scheiben viel Licht fällt. Hier kehren nicht nur Käuferinnen und Käufer der ebenfalls angebotenen Schnittblumen ein.

Apfelkuchen mit besten Zutaten

Nussig-fruchtiger Obstkuchen aus heimischen Äpfeln

Zutaten

200 g Butter
180 g raffinierter Zucker
3 Eier
1–2 TL Zimt
2 TL Weinsteinbackpulver
200 g Dinkelvollkornmehl
1 kg Äpfel (z. B. Boskoop)
1 EL Zitronensaft
eine Handvoll Nüsse (Walnüsse oder Pekannüsse)
1 EL Sesam
1–2 EL brauner Zucker

Außerdem

Springform
Butter für die Form

Zubereitung

Die Butter sollte man rechtzeitig aus dem Kühlschrank nehmen und weich werden lassen, mit dem weißen Zucker schaumig rühren, nach und nach die Eier unterschlagen. Den Zimt, das Weinsteinbackpulver und das Dinkelvollkornmehl gründlich mischen. Wenn man es unter die Buttermasse rührt, entsteht ein zäher Teig. Den füllt man in eine gefettete Springform.

Nun müssen 1 kg Boskoop entkernt und geachtelt werden. Die Schnitze werden mit Zitronensaft beträufelt und anschließend in den Teig gedrückt.

Abschließend streut man noch eine Handvoll Walnüsse oder Pekannüsse, 1 EL Sesam und 1 bis 2 Esslöffel braunen Zucker darüber. Bei 180 °C Ober- und Unterhitze muss der Kuchen etwa 45 Minuten gebacken werden.

Martin Hertfelder

Arbeit mit Steinen und Menschen

Martin Hertfelder steht in der beigen Cord-Zunfthose und einem braunen Sweater lächelnd in seiner Werkstatt. Sie befindet sich auf dem Werksgelände einer alten Keramikfabrik, wo er sich eingemietet hat. Der Vermieter ist Schlosser und Zauberer. Es stehen noch die Baracken der Gastarbeiter aus den Sechzigern. Das Gebäude direkt an der Rems, nur wenige Meter vom Bachlauf, stammt aus der Zeit des Zweiten Weltkriegs.

Einige Werke stehen im Hof, darunter das Gesellenstück und das Meisterstück des Steinbildhauers. Aber es gibt keinen Showroom, keine vorgefertigten Stücke und auch keine Steine zum Aussuchen – nur kleine Musterplatten an der Werkstattwand neben einer durch Steinstaub bepuderten Zimmerpflanze. Aus Prinzip wird in der Werkstatt »Steinleben« nur deutscher, bestenfalls europäischer Stein verwendet, bei dem bekannt ist, wie er gewonnen wurde. Auf Zertifikate angeblich nachhaltig und ohne Kinderarbeit gebrochener Steine aus Asien will sich der Steinmetz nicht einlassen.

Was bei »Steinleben« entsteht, entsteht vom ersten Bleistiftstrich an vor Ort gemeinsam mit den Kundinnen und Kunden. Martin Hertfelder will nicht wachsen, nicht Masse produzieren und schätzt die Arbeit in einer kleinen Werkstatt mit einer Mitarbeiterin, in der geplant und gefertigt wird. Bearbeitet werden die Steine zum Teil mithilfe von Pressluft, Hohlkernbohrmaschine und wassergeführter Diamantsäge, größtenteils aber von Hand mit Klöppel, Stockeisen und Riffeleisen.

Martin Hertfelder versteht sich als Handwerker, aber nicht weniger wichtig ist ihm das Gespräch. Fünf- oder sechsmal trifft er die Auftraggeber, um herauszufinden, was sie wünschen, fertigt immer exaktere Skizzen, immer genauere Modelle, bis der Brunnen, der Garten oder das Grab die Form hat, die dem Zweck gerecht wird, die die Kundinnen und Kunden damit verbinden. Und genau deswegen sei kein einziger fertiger Stein im Angebot. Das gebe es sonst in keinem Betrieb, ist sich der Steinmetz sicher.

Die Kunden kommen auch ohne Ausstellungsraum und ohne, dass Martin Hertfelder in Werbung investieren muss. Sie kommen, weil er weiterempfohlen wird oder weil er regelmäßig Preise bei Gestaltungswettbewerben der Steinmetzinnung verliehen bekommt und sein Name

MARTIN HERTFELDER

Werkstatt Steinleben • Wasenmühle 23 • 73660 Urbach • steinleben.de • Tel. 07181/937 78 60

sich so herumspricht. Die Ehrenurkunden schmücken sein einfaches, mit USB-Platten verkleidetes Büro, in dem auch die Modelle für bereits angefertigte Werke und vor allen Dingen Mappen mit Skizzen zu den laufenden Projekten liegen: Sonnenuhren, ein Japangarten mit rituellem Waschbecken, Pool und Wasserfall.

Bei seiner Planung geht Hertfelder ins Detail: Wie genau soll der Wasserfall klingen? Soll er rauschen oder murmeln? Wo kann er entspringen, sodass es natürlich wirkt? Welche Funktion hat er in der japanischen Tradition? Von wo aus soll er gesehen werden? Für die Sonnenuhr wälzt er Astronomiebücher. Und bei Grabsteinen versucht er, den roten Faden in der Lebensgeschichte des Verstorbenen zu finden, versucht herauszufinden, was die Angehörigen am Grab tun wollen. Muss es Nischen zum Ablegen von Urlaubssouvenirs und Erinnerungsstücken geben? Soll das Grab veränderbar sein? Soll die religiöse Hoffnung des Verstorbenen oder eher seine Erinnerung thematisiert werden? Gibt es unterschiedliche Auffassungen in der Familie, die in dem Stein versöhnt werden sollen? Darf der Stein Patina ansetzen? Darf er von Flechten bewachsen werden? Und welches Material ist dafür geeignet? Möchten die Angehörigen mitarbeiten und selbst Hand anlegen an den Stein? »Jeder trauert anders«, ist Martin Hertfelder überzeugt.

Der Steinbildhauer liebt seinen Beruf, zu dem er spät gefunden hat. »Wenn dir langweilig ist, dann mal doch was!«, hat Martin Hertfelder oft von seiner Großmutter gesagt bekommen. Schon als Jugendlicher hat er Airbrushkurse be-

Die Bildhauerarbeiten werden zuerst auf Papier geplant. Martin Hertfelder fertigt Skizzen und dann kleine Gipsmodelle an. Erst danach beginnt die Arbeit am Stein. Auch die Kunden dürfen mit zum Klüpfel greifen.

sucht und bei der Landesgartenschau in Mosbach mit einem Graffito begeistert, aber ansonsten habe er auf wenig Lust gehabt, sagt er, und Disziplin schon gar keine.

»Ich musste als Jugendlicher die Schule wechseln – ich hatte keinen guten Ruf. Und irgendwann war ich zu alt. Ich hab dreimal wiederholt. Dann hab ich abgebrochen.« Bei der Ausbildung zum Bürokaufmann im elterlichen Autohaus scheiterte er ebenso, machte Schulden, denn er wollte Freunde beeindrucken. Um wieder ins Plus zu kommen, ging er zur Bundeswehr und in den Auslandseinsatz in den Kosovo. Als er zurückkam, habe er zwar in der Schulfremdenprüfung seinen Abschluss mit 1,0 geschafft, aber psychisch sei es bergab gegangen.

Die Steinbildhauer-Ausbildung habe er abgeschlossen, obwohl er dabei mehr Lkw fuhr und für den Ausbildungsbetrieb auf der Baustelle arbeitete als Steine zu bearbeiten. In die Berufsschule in Freiburg sei er jedoch gerne gegangen – und er konnte sich vorstellen, dass man manches in dem Beruf anders und besser machen könnte.

Beim sich eher als Künstler verstehenden Bildhauer Martin Kirstein in Winnenden arbeitete er acht Jahre als Geselle und besuchte die Meisterschule. Dass danach die Selbstständigkeit stehe, sei Martin Hertfelder klar gewesen. Er wollte thematisch breiter arbeiten, vielfältiger sein – und er beschloss, dass bei ihm das Gespräch ein wichtiger Teil des Schaffens sein soll. »Ich sehe mich auch als Begleiter«, sagt Martin Hertfelder.

Martin Hertfelders Tipp:

Was Martin Hertfelder an Urbach am besten gefällt, ist das Bärenbachtal. Hier gibt es einen Walderlebnispfad, der sich zur Naherholung für die ganze Familie anbietet; für die Kinder gibt es eine Murmelbahn und vieles zu entdecken.

Klenks Konditorei

Handarbeit ist oberstes Gebot

Das Erste, was man bestaunt, wenn man hinter dem Laden im Cafébereich Platz genommen hat, ist die Aussicht über die Gemeinde Berglen: im Vordergrund die Schule, die von oben wie ein gebauter Stern wirkt. Man sieht Oppelsbohm und Bretzenacker, Rettersburg, Öschelbronn, Stöckenhof: die Hälfte der Berglen. Hier, im gefühlten Nirgendwo, haben es die Geschwister Klenk gewagt, ein Café zu eröffnen, in das auch viele Gäste aus Stuttgart, Winnenden oder Schorndorf kommen. Für die Stuttgarter ist es ein Ausflugsziel. Sie verzehren am Dienstag oder Donnerstag die kesselfrischen Maultaschen, für die sie hierhergekommen sind. Die Maultaschen nach eigenem Rezept sind immer noch die Aufgabe des Vaters. Er hatte 25 Jahre lang das Schützenhaus gepachtet. Die Rezepte der Kuchen stammen größtenteils von Tante Ilse, die 2015 verstorben ist. Auch die Rezepte für den Fleisch- und den Eiersalat hat die Tante kreiert. Die Mutter, gelernte Friseurin, hilft im Verkauf.

Schon im Schützenhaus hat die gesamte Familie zusammengearbeitet. Michael Klenk wusste schon als Kind, dass er in Papas Fußstapfen treten will, und hat sich bereits im Kindergarten gerne als Koch verkleidet. Die Schwester ist seit 2014 Konditormeisterin.

Das Café haben die Geschwister 2018 eröffnet. Die Finanzierung war schwierig. Die Aussage der Bankberater: »Ödernhardt? Da fährt doch keiner hin wegen Brot!« Und trotzdem haben die Klenks ein edles Gebäude errichtet mit herausragender Akustik. Die Vollholzkonstruktion schluckt den Schall. Es wurden regionale Materialien verwendet. Alles schwäbisch, also? Nein: Der Boden zieht die Blicke auf sich. Er ist mit spanischen, blau gemusterten Fliesen belegt. Sie sind hier nicht zu bekommen. Die Klenks ließen sie liefern.

Bei den Zutaten achten die Klenks, wie bei den Baustoffen, auf hervorragende Qualität. Michael Klenk baut im Garten das Gemüse für die Garnitur an. Der Apfelsaft kommt von einem Freund der Familie, er presst ihn aus eigenem Obst. Die Zwiebeln wachsen in Kottweil. Das Fleisch stammt vom Metzger Kurz in Schorndorf. In der Privatrösterei Rudolf in Schorndorf wird auch der Kaffee geröstet. Die Kaffees von Rudolf stehen außerdem zum Verkauf.

KLENKS KONDITOREI
Café und Lädle • Ludwigstraße 2 • 73663 Berglen-Ödernhardt
klenks-berglen.de • Tel. 07195/583 22 80

Michael Klenks Tipp:

Michael Klenk empfiehlt Naturfreunden den gut ausgeschilderten Werner-Hofmann-Weg. Er führt von Oppelsbohm aus durch die hügelige Keuperlandschaft und die Ortsteile Drexelhof, Necklinsberg, Vorderweißbuch und Streich zum Café der Klenks in Ödernhardt und dann wieder zur Oppelsbohmer Kirche.

Wie ist das so, wenn man als Erwachsene immer noch jeden Tag die ganze Sippe um sich hat? Wenn alle in einer Straße wohnen, wenn auch in verschiedenen Gebäuden? »Mir hoißat ons scho amol Seggl«, beschreibt Michel Klenk den Umgangston. Schon die Tante und der Vater hätten sich manchmal angeraunzt, sodass die Gäste dachten, der Klenksche Haussegen hänge schief. Aber sie seien alle nicht nachtragend. Und bei den Finanzen? »Mir wellet des oine Gschäft macha on drfo läbe. Bei ons kriegt jedr wasr braucht. Mir send da echt entspannd«, erklärt die Konditorin. Die Familie lebt nicht ausschweifend. Michael Klenk verbringt seine Freizeit gern im Naturschutzverein, ist im Vorstand, betreut im Sommer Jugendzeltlager. Nur die Eltern bekommen ein festes Gehalt. Der Vater liebe den Kundenkontakt nicht so, im Gegensatz zur Mutter. Jeder findet seine Bestimmung. Sie sind alle fleißig. Sogar der Bruder, der »beim Daimler schafft«, macht Fahrdienste, fährt etwa die begehrten Maultaschen und den Kartoffelsalat zu Besenwirtschaften, wenn er Zeit hat.

Viel Personal wollen die Cafébetreiber nicht. Sie sagen, sie seien nicht die Typen, die Personal verwalten wollen und anderen auf die Finger klopfen. Eine Angestellte gibt es, die den Salat macht, den sie auch an Wiederverkäufer veräußern. Filialen mit Verkäuferinnen? Nein! Aus Vorsicht haben die Klenks einige Zeit parallel zum Cafébetrieb in Ödernhardt das »Regionalregal« in Oppelsbohm an der Bushaltestelle mit betrieben, den Kaffee angeboten und eine Postfiliale integriert. Da das Café in Ödernhardt aber boomt, können sie sich nun darauf konzentrieren.

Ein Café in einem Landstrich wie den Berglen könne sich nicht auf eine Zielgruppe ausrichten. Ödernhardt macht seinem Namen alle Ehre. Es ist daher wichtig, dass alle sich wohlfühlen. In Ödernhardt gibt es kein separates Spielcafé. Wenn der Müttertreff kommt, dann wird der Spielteppich ausgerollt, damit die Kinder krabbeln können. Selbst Touristen kehren ein, fahren mit dem E-Bike vor oder wandern. Es kommen ältere Leute aus dem Ort, sehen nach, ob jemand da ist, den sie kennen. Auch die Nachbarn schauen gerne vorbei, was Vorteile bringt. Wenn mal das Auto eines Gasts im Weg stehe, werde nicht gleich die Polizei gerufen, sondern die Nachbarn bitten, dass die Wagenhalter das Fahrzeug woanders parken. Die Angst, ein Café könne Unruhe bringen, kennt man nicht in Ödernhardt. Im Gegenteil: Alle freuen sich, dass es einen Treffpunkt gibt und man nicht weit fahren muss, um einen Hefezopf, Mehl oder einen Käse zu bekommen. In Kühlschränken mit Glastüre halten die Klenks alles bereit. Um die Nachtruhe wird wegen der Klenks ohnehin niemand gebracht. Sie begnügen sich mit dem Tagesbetrieb.

Und dann? Selbst nach Feierabend haben die Klenks nicht die Nase voll voneinander. Die Schwester klinkt sich dann zwar aus, braucht auch Zeit alleine mit ihrem Freund, aber abends kochen Mutter, Vater und Bruder abwechselnd – und auch der Daimler-Bruder darf mitessen.

Hösslinswarter Gin wird nicht ausgeschenkt – man muss ihn daheim genießen.
Die Spirituose ist ein Beispiel für die Regionalität der meisten verkauften Produkte, die teilweise von Bekannten der Klenks hergestellt werden.

Ilses Grießkuchen

Ein saftiges Rezept, das Martina Klenk von ihrer Tante geerbt hat

Zutaten

Für den Mürbeteig

250 g Mehl
125 g weiche Butter
60 g Zucker
1 Ei
½ EL saure Sahne

Für die Grießfüllung

1 l Milch
180 g Grieß
1 Prise Salz
60 g Butter
150 g Zucker
200 g Sahne
200 g Quark
4 Eier
100 g Rosinen

Außerdem

Springform (30 cm Durchmesser)

Zubereitung

Alle Teigzutaten zu einem Mürbeteig kneten, diesen 30 Minuten kühlen, auswellen und in ein gefettetes Kuchenblech mit 30 cm Durchmesser legen. Mit einer Kuchengabel an mehreren Stellen einstechen.

Milch in einem Topf zum Kochen bringen, vom Herd nehmen und den Grieß unterrühren, 5 Minuten ruhen lassen, dann Salz, Butter, Zucker, Sahne und Quark unterrühren. Nun müssen die Eier vorsichtig getrennt werden. Das Eigelb kommt gleich in die lauwarme Masse. Das Eiweiß muss man erst steifschlagen und dann unter die lauwarme Grießmasse heben, damit die Füllung luftiger wird.

Rosinen auf den Mürbeteig streuen, Grießmasse gleichmäßig darauf verteilen und mit Zimt-Zucker bestreuen. Backofen auf 180 °C Umluft vorheizen und ca. 50 Minuten backen.

Valentin Vitanov

Der freiheitsliebende Figurenkomponist

In seiner Kindheit in der bulgarischen Provinz Kystendil zog es Valentin Vitanov immer wieder in das in der Nachbarschaft befindliche Museum, das die Werke des Meisters Vladimir Dimitrovs ausstellte, der ebenfalls aus der Gegend an der Mazedonischen Grenze stammte. Zuerst gab es die Bilder in der alten Synagoge zu sehen, später in einem eigens errichteten Museum. Valentin Vitanov begann ebenfalls zu malen, ging auf ein Kunstgymnasium, studierte Kunst auf Lehramt, später als Meisterschüler mit eigenem Atelier. Er lernte, auf die klassische Weise Kunst zu schaffen, angefangen mit Zeichnen, Komposition, Perspektivstudien. »Ob ich das hier in Deutschland gelernt hätte, das weiß ich nicht. Aber in Bulgarien war abstrakte Malerei quasi verboten. Sie durfte zumindest nicht in den nationalen Kunstausstellungen gezeigt werden.« Diese nationalen Kunstausstellungen brachten Renommee und die Partei kaufte die Werke auf. Vorgegeben war jeweils ein sozialistisches Thema, das die eingereichten Arbeiten umzusetzen hatten.

Vitanov versuchte, die Vorgaben zu erfüllen, ausstellbar zu sein, ohne die erwarteten Klischees zu reproduzieren. Und doch eckte er an, etwa, als er ein Plakat für ein staatliches Waisenhaus gestalten sollte. Er besuchte es, um sich einen Eindruck zu verschaffen und war schockiert von den Lebensbedingungen der Kinder. Die Gänge stanken nach Chlor. Es gab weder Teppiche noch Spielzeug. Beim regionalen Künstlertreffen schlug Vitanov daher vor, den Erlös der jährlichen Kunstausstellung dem Kinderheim zukommen zu lassen. Er habe die Verhältnisse dort geschildert, woraufhin ein regionales Parteimitglied aufgesprungen sei, den Einsatz der Regierung für die Kinder gelobt habe und die Schilderungen Vitanovs als Lügen abgetan habe. Es gab Unterstellungen und schließlich verlor die Ehefrau Vitanova aus vorgeschobenen Gründen ihre Arbeit.

Die Familie ging nach Deutschland, beantragte Asyl. Ein Professor der Kunstakademie in Stuttgart habe sich für sein Bleiberecht eingesetzt, erzählt Vitanov. In Fellbach habe er nach Unterbringungen in Zeltunterkünften und Massenquartieren die Möglichkeit bekommen, mit seiner Familie eine Wohnung zu beziehen. Das sei ein Traum gewesen.

Freiheit findet sich auch als Motiv in seinen Bildern immer wieder, etwa in einem Gemälde,

VALENTIN VITANOV
Hofener Straße 54 • 70736 Fellbach • valentin-vitanov.de • Tel. 0173/318 03 64

Valentin Vitanovs Tipp:

Das Atelier liegt im Gewerbegebiet. Aber am Ende der Straße ist man schon in der Natur. Es sind nur wenige Minuten zum Scillawald. Hier blühen im Vorfrühling Tausende Blausterne. Sie stehen unter Artenschutz. Auch Bärlauch kommt in großen Mengen vor. Der darf gepflückt werden.

das Weißwäsche zeigt, die vor einem kräftigen blauen Himmel im Sturm flattert. Die Stücke hängen nicht mehr geordnet beisammen, sondern drohen, sich loszureißen.

Anfangs hätten die Deutschen mit seiner Kunst gefremdelt. In Deutschland sei die Abstraktion die einzige Möglichkeit moderner Kunst gewesen. Realismus habe als verstaubt gegolten. Allerdings sind seine Werke keineswegs traditionell. Viele Arbeiten komponiert er am Computer, setzt sie aus Elementen verschiedener Fotografien zusammen. Den Entwurf projiziert er dann mit einem Beamer auf eine schon eingefärbte Leinwand. Das mache das Ergebnis einheitlicher. An manchen Stellen der Gemälde schimmert die Grundfarbe durch.

Viele Bilder Vitanovs machen einfach gute Laune, der Mann, der Tauben füttert, etwa oder der junge Opa oder ältere Vater, der den roten Kinderwagen aus dem Gemälde schiebt. Andere befassen sich mit gesellschaftlichen Themen. Zwei Geflüchtete liegen in der durch Wolken getrübten Morgensonne schlafend an einem mediterranen Strand. Zwei Kinder sitzen auf einem anderen Gemälde nebeneinander. Eines trägt ein niedliches T-Shirt mit dem Aufdruck »Ich bin ein Tiger«, das zeigt, wie kleine Jungs schon ganz früh in Geschlechterstereotype gedrängt werden. Sie lernen, ehe sie sprechen können, dass Jungs wild und kämpferisch sein sollen.

Hinter den Kindern befinden sich auf dem Gemälde Soldaten und ein Panzer aus den Nachrichten von CNN.

Ein Bild zeigt eine junge, schöne Frau, ein Model, das auf einem Bett sitzt. Die SALE- und Rabattschilder lassen offen, ob hier Möbel oder sexuelle Reize verkauft werden sollen. Vitanov gibt Alltagsszenen einen eigenen Reiz und lässt sie zum Denkanstoß werden, indem er sie isoliert zum Motiv macht.

Valentin Vitanov hält die Malerei für die Grundbedingung menschlicher Entwicklung. »Ehe die Menschen Schrift hatten, haben sie gemalt. Sie kennen die Höhlenbilder? Kleine Kinder zeichnen erst, ehe sie Texte verfassen können.« Heute komme das Zeichnen zu kurz, bemängelt er.

Die Gelegenheit, sich mit Figuren und Farben ausdrücken zu lernen, will er jedem, egal in welchem Alter, geben. Jeden Dienstag und Donnerstag von 19 bis 22 Uhr ist Malkurs im geräumigen Atelier mit industriellem Charme. Besucher bezahlen nur für die Abende, an denen sie wirklich da sind. Es gibt kein festes Kursprogramm, und daher sind die Termine auch für Menschen geeignet, die nicht regelmäßig eine Malschule besuchen können. Vitanov lehrt Zeichnen, Komposition, Maltechniken, wozu ihn sein kunstpädagogisches Studium befähigt, aber: »Jeder darf seinen Stil finden und in seinem Tempo voranschreiten.« Ein festes Kurrikulum gibt es jedoch bei den Volkshochschulkursen, die der Künstler zu verschiedenen Themen ebenfalls anbietet. Daran nehmen Menschen teil, die eine ausgewählte Technik erlernen wollen.

Valentin Vitanov hat eine Halle in einem geräumigen Industriegebäude gemietet, die Platz für viele Bilder, Kurse, aber auch eine kleine Schafherde aus Karton bietet, die vor einem Gemälde steht, die das Innere des Kunstmuseums zeigt.

Claudia Gadient

Eindrückliches aus der Lederwerkstatt

Im Atelier von Claudia Gadient in Allmersbach ist es hell. Eine Glastür führt hinaus auf die Terrasse, innen beleuchten große Stehlampen den zentralen Arbeitsplatz. An den Wänden hängen an Lederriemen Schuhmacherwerkzeuge und Garnrollen. Eine schwere schwarze Ledernähmaschine steht bereit. Bis vor Kurzem nähte Claudia Gadient mit einer pedalbetriebenen Maschine, doch habe die mit anderen Einzelgeräten zu viel Platz eingenommen und wurde durch eine multifunktionale Maschine ersetzt. Einige Regale zeigen die zum Verkauf stehenden Objekte. An der Rückwand steht eine Kommode mit Schubladen, die die Lederkünstlerin einer Autowerkstatt abgekauft und selbst restauriert hat. Sie vermutet, dass die Kfz-Mechaniker nicht die ersten Besitzer waren. In den Fächern liegen verschiedene Lederproben: Krötenleder, Hühnerfußleder – und kleine Utensilien. Im Regal stehen Bücher über Lederverarbeitung: einige auf Englisch, einige auf Japanisch.

»Um die englischen Bücher zu lesen, habe ich extra Kurse an der Klubschule Migros besucht«, erklärt die Schweizerin lächelnd. Sie hatte das Schulenglisch vergessen, aber sie habe gemerkt, dass die Amerikaner die besten Bücher über das Punzieren schreiben – das ist eine Prägung in Metall oder Leder. Zu Beginn ihrer Punzierleidenschaft hat sie in Oberkulm im Kanton Aargau in einem alten Bauernhof gewohnt und drei Kinder großgezogen. Dann habe sie ihre Freude am Bogenschießen entdeckt, sich einen Köcher für die Pfeile gebaut und immer feinere Motive auf Köcher gestanzt. Bemalen sei ihr anfangs nicht in den Sinn gekommen. Inzwischen aber arbeitet sie nicht nur mit Punzen, sondern auch mit dem Pinsel.

Dass gerade in Amerika viele Motive in Leder gedrückt werden, überrascht nicht. Man denkt zuerst an teure Ledersättel von Harley-Davidson-Motorrädern und an Cowboygürtel. Und auch unter den Motiven von Claudia Gadient sind die traditionellen Motorradfahrer-Totenköpfe zu finden. Claudia Gadient widerspricht aber der Annahme, dass diese Art der Lederarbeit typisch Wildwest sei. »In den USA wird viel punziert. Dass die Technik aber in den USA erfunden wurde, das glaube ich nicht.« Sie zieht einen Katalog des Deutschen Ledermuseums in Offenbach aus dem Regal und zeigt das Bild eines reich verzierten, ledernen

CLAUDIA GADIENT
Brucknerstraße 7 • 71573 Allmersbach • archeria.com • Tel. 0178/883 73 10

Claudia Gadients Tipp:

Aus ihrer Heimat, der Schweiz, hat Claudia Gadient die Liebe zu ungezähmten, wilden Orten mitgebracht, die man hier um Stuttgart nur in den Keuperklingen findet. Ein Naturdenkmal, das die Kunsthandwerkerin aber bei jedem Vorbeifahren begeistert, ist die Friedenseiche an der L1080 bei der Rettichkreuzung. Der Stamm ist komplett hohl. Der Standort der Eiche ist nicht gerade idyllisch, aber der Baum ist wild und imposant!

Dokumentenkastens aus dem 13. Jahrhundert, hergestellt in Norddeutschland. Auch die Japaner haben eine lange Tradition – und Claudia Gadient schätzt auch japanische Technikbücher, doch die hätten glücklicherweise so gut bebilderte Anleitungen, dass sie nicht auch noch Japanisch lernen müsse.

Selbstständig gemacht hat sich Claudia Gadient erst 2019. Und sie ist erstaunt, dass es funktioniert. Dabei mag sie Märkte, besucht sie auch gerne selbst und hat auch schon Kinder Armbänder auf dem Markt verzieren lassen. Kurse für Erwachsene anzubieten, erwägt sie ebenfalls. Punzieren wird in Deutschland in keiner Ausbildung unterrichtet. Manche Sattlereien böten Punziertes, aber es sei nicht Teil der Ausbildung.

Claudia Gadient selbst ist gelernte Malerin. Sie sei aber schon in ihrem Ausbildungsbetrieb immer für die Feinarbeiten zuständig gewesen, das, was keiner habe machen wollen, Treppengeländer restaurieren etwa. Und sie liebe das feine Arbeiten. Auch bei Leder. Bei den von ihr hergestellten Federn, die eine täuschend echte Oberfläche bekommen, stehen kleine Ästchen vom Kiel aus ab. Sie sind filigran geschnitten. Die Hintergründe der Motive sind mit kleinen Stempelchen geprägt, von denen auf dem Arbeitstisch der Kunsthandwerkerin Dutzende bereitstehen: Blättchen für Bäume, Blütenstempel, Knoten. Sie arbeitet aber am liebsten mit dem Messerchen, arbeitet Fellstrukturen mit winzigen Schnitten im Leder heraus, die erst auffallen, wenn das fertige Stück mit einer Paste eingerieben wurde, die in die Vertiefungen eindringt. Beim Abwischen bleiben die eingekerbten Stellen dunkel. Durch die Detailtreue wirken die Motive auf dem Leder oft sehr lebensecht.

Claudia Gadient selbst orientiert sich bei ihren Arbeiten an Reproduktionen alter Jagdbücher. Immer öfter kommen Kunden mit eigenen Wünschen. »Einmal kam eine Jagdgruppe und brachte ein Foto des verstorbenen Dackels eines Jägerkollegen.« Wegen dieses Tieres habe besagter Kollege das Jagen begonnen und nun wollten ihm die Freunde eine Jagdmappe mit dem Porträt des verstorbenen Tieres anfertigen lassen. Sie hat nachgefragt: »Sind Sie sich sicher, dass er sich freut und bei jeder Jagd den toten Dackel ansehen will?« Aber die Auftraggeber seien sich sicher gewesen. Und so habe sie losgelegt und das Tier als Relief gestaltet, das Leder nass gemacht, den Körper von hinten plastisch ins Leder gedrückt, mit einer Mischung aus Ledermehl und Leim ausgestopft. Die Kundschaft sei zufrieden gewesen – und nun besteht ein nicht unerheblicher Teil ihrer Aufträge in Erinnerungsstücken an tote Haustiere. Die Augen der Tiere werden glänzend lackiert, sodass die Porträts unglaublich lebendig wirken. »Ich mache gerne Tiermotive. Mir macht das nichts aus. Ich freue mich, wenn ich Dinge herstellen kann, die dann auch in Gebrauch sind.«

Das Leder muss zum Bearbeiten immer befeuchtet werden. Nur dann kann man mit Punziereisen Muster eindrücken. Jagdmappen werden oft mit Jagdwild verziert. Die punzierten Schmetterlinge sind zusätzlich bemalt.

Hof Heukeshoven

Café mit Eseln in Steinbruck

Steinbruck gehört zu Welzheim und liegt mitten im Welzheimer Wald auf halbem Weg zwischen Miedelsbach und Breitenfürst. Man kommt dort mit dem Auto hin auf der L1150, auf der auch ein Bus verkehrt, der aber nicht hineinfährt in den kleinen Ort, sondern dort stoppt, wo man abbiegen müsste. Man kann auch zu Fuß nach Steinbruck gelangen auf idyllischen Wegen durch das Gutenauer Täle, gesäumt von Streuobstwiesen und Wäldern entlang des Urbachs. Insider reisen mit dem Esel an. Den kann man dort parken, füttern, man kann in der Unterkunft für Eselwanderer nächtigen und morgens weiterziehen. Man kann auch Esel entleihen. Sie heißen Hugo und Sofie und sind das gewohnt. Laufkundschaft verirrt sich nicht nach Steinbruck.

Kann man einen Laden betreiben in so einer Lage? Man kann! Und der Hof Heukeshoven ist mehr als ein Laden. Es ist ein Lebensmittelpunkt. Er ist die Verdichtung von Leben, Arbeiten und Genießen.

Als Heukeshovens den Hof fanden, waren sie unzufrieden, ihr Leben war aufwendig: ein Laden in Schorndorf, unnötig vertane Zeit beim Warten auf Kunden, Kosten für Mieten und Gehälter. Nadia Heukeshoven gab Flötenunterricht, pendelte zur Zachertsmühle, um dort das Eseltrekking zu organisieren. Ab und an jobbte sie als Bestatterin. Michael Heukeshoven schreinerte und restaurierte in Fellbach. Das muss auch kleiner gehen, beschloss die Familie. Sie zog aufs Land. Der Hof war nicht an die Kanalisation angeschlossen, nur unten bewohnbar, Plumpsklo, keine Dusche, und das mit zwei kleinen Jungs.

Angst war dabei: Kommen Kunden auch, wenn man keinen Showroom in Innenstadtlage hat? Wie soll man mitten im Wald Aufträge rekrutieren? Doch die Heukeshovens träumten von einer Work-Live-Balance, ehe es das Wort dafür gab. Und dann das! Michael Heukeshoven wiederholt es zweimal: »Im ersten Jahr hatten wir 70 000 Euro weniger Umsatz. 70 000 Euro. Und das bei gleichem Betriebsergebnis. Wachsen, wachsen, wachsen. Alles soll wachsen. Warum soll man immer mehr Geld umsetzen, wenn man nichts davon hat?«

Statt im Laden auf Kunden zu warten, backt Nadia Heukeshoven Kuchen, einen oder zwei pro Öffnungstag, meist freitags oder

HOF HEUKESHOVEN

Steinbruck 40 • 73642 Welzheim • wohnen-einrichten.net • Tel. 07182/80 20 02

EUKESHOVEN
ohnen & einrichten
OPEN
Liebe Kundinnen und Kunden,
aus gegebenem Anlass,
bitten wir Sie Abstand zu halten
und das Tragen von einer Maske
in geschlossenen Räumen.

Fam. Heukeshovens Tipp:

Mit oder ohne Esel kann man am Bärenbachsee spazieren gehen. Es handelt sich um einen 1761 angelegten sogenannten Schwallsee, mit dessen Hilfe der Bärenbach unterhalb des Sees kurzfristig die für Scheitholzflößerei wichtige Wassermenge bekam.

samstags. In der Regel sind die Kuchen glutenfrei. Nadia Heukeshoven hat sie anfangs so gebacken, weil nur so alle in der Familie etwas davon essen konnten. Dann aber merkte sie, wie viele Menschen eine Glutenallergie haben und froh sind, ohne Bedenken zu ihr zum Kuchenessen kommen zu können. Und so hat sie sich auf Glutenallergiker eingestellt.

Es gibt zum Kuchen frischen Holunder- oder Apfelsaft aus der Presse. Im Sommer sitzt man draußen unter der Remise bei den Eseln. Im Winter ist drinnen an Tischen gedeckt. Eine Speisekarte gibt es nicht. Man wirft einen Obolus in eine Eselskasse. Wer zum Wandern kein Geld mitgenommen hat, der zahlt einfach beim nächsten Mal. Bisher war abends immer genug Geld im Bauch des Spardosen-Esels.

Manche Kundinnen und Kunden kommen wegen des Kuchens, andere wegen der hochwertigen Tischwäsche, oder sie wollen aus Hölzern alter Möbel aus dem Besitz des Urgroßvaters etwas Neues herstellen lassen. Michael Heukeshoven macht die Skizzen von Hand, lässt sich den Kostenrahmen nennen. An Ausschreibungen, bei denen es allein darum geht, der Billigste zu sein, nimmt er nicht mehr teil. Spanplatte verarbeitet er nicht. Die Kunden kommen wegen ihrer guten Erfahrung oder auf Empfehlung und nehmen auch den Weg in den Wald auf sich. Wenn niemand kommt, dem sie die Kollektion hochwertiger zugekaufter Korb- und Polstermöbel zeigen kann, versorgt Nadia Heukeshoven die Tiere.

Das Café ist eine Möglichkeit, den Laden bekannt zu machen, die Bequemlichkeit der Stühle zu demonstrieren, auf denen die Gäste Platz nehmen dürfen. Die Kinder streicheln die Esel und die Gatten genießen den Freizeitcharakter des Hofs – so bekommt man auch Männer in einen Tischdeckenladen. Die Heukeshovens schmunzeln. Wenn man am Ende der Welt Geschäfte machen will, muss sich die Anreise für alle lohnen. Der Einkauf wird zum Familienausflug.

Manchmal vermieten die Heukeshovens die Scheune für Feste, kochen für Veranstaltungen, drei oder vier pro Sommer. Der Hof ist keine Event-Location. Er ist der familiäre Lebensraum. Er ist nicht extra trendig dekoriert. Aber »bisher hat noch niemand rumgekäst«. Das Ambiente entspanne die Leute. Sie fühlen sich wohl.

Wie lange die Heukeshovens den Hof bewirtschaften können, wissen sie nicht. Sie haben drei Mädels, zwei Jungs. Die Söhne bewohnen das obere Stockwerk, sie helfen mit. »Wir brauchen 20 Kubik Holz pro Winter«, sagt ihr Vater. »Wir wären ohne die Burschen heute nicht, wo wir sind.« Wenn sie wollen, sollen sie gehen können, aber dann müssen wir auflösen. Bisher aber macht es ihnen Freude. Einer fährt Bagger und Unimog. Er hat einen Traktorführerschein und einen Motorsägenschein. Der Opa wohnte auf dem Hof, bis er 96 war. Die Heukeshovens haben sich für einen Familienbetrieb im Wortsinn entschieden – und zur Familie zählen auch die zwei Esel Hugo und Sofie.

Im rustikalen Inneren des Bauernhauses wird nur im Winter oder bei schlechtem Wetter für Besucher gedeckt, denn im Sommer sitzen die Gäste, besonders auch die Kinder, lieber in der Nähe der Esel.

Johannisbeer-Haferflocken-Streuselkuchen ohne Gluten

Knackiger und fruchtig-säuerlicher Genuss für den Sommer

Zutaten
600 g Johannisbeeren
Saft von 1 Zitrone
250 g Gelierzucker
250 g weiche Butter
375 g Mehl (glutenfrei)
125 g brauner Zucker
1 Prise Salz
100 g Haferflocken (glutenfrei)
50 g Mandelstifte
Puderzucker zum Bestreuen

Außerdem
Springform

Zubereitung
500 g Beeren mit Zitronensaft und Gelierzucker unter Rühren erhitzen. Alles drei Minuten sprudelnd kochen lassen und dabei weiter rühren. Vom Herd nehmen, restliche Beeren unterrühren. Abkühlen lassen. Währenddessen den Ofen auf 200 °C vorheizen.

Für den Teig Butter, Mehl, Zucker, Salz und Haferflocken in einer Schüssel mischen und verkneten. Eine runde Kuchenform fetten. Ca. zwei Drittel der Streusel in die Form geben und daraus einen flachen Boden drücken, den Rand dabei hochziehen. Form kaltstellen. Mandeln unter die restlichen Streusel mischen. Beeren in die Form geben, glatt streichen und Streusel darauf verteilen.

In den Ofen schieben – und zwar auf der unteren Schiene.
35 bis 40 Minuten goldbraun backen.

Nach dem Auskühlen mit Puderzucker bestreuen. Fertig!

Sabin Brendle

Gärten und Gefäße in Backnang

Sabin Brendle liebt ihre Unabhängigkeit. Sie hat ihr Atelier hoch über der Stadt in einem roten Haus mit blauen Fensterläden, das, passend zum Material ihrer Kunst, aus Tonziegeln errichtet wurde, lange, ehe sie hier einzog. Ursprünglich war es eine Gemüsegärtnerei. Als Sabin Brendle nach Backnang kam, da hatte sie keinen Bezug zu dem Städtchen an der Murr, aber die Werkstatt in dem Gebäude eines nicht bekannten Architekten, das 1904 erstmals erwähnt wurde, gefiel ihr. Sie mietete das Erdgeschoss, um dort zu arbeiten. Heute wohnt sie im selben Haus. Im Gewölbekeller sind ihre Arbeiten in einer Verkaufsausstellung zu sehen. Ihr Garten ist eine Freiluftausstellung.

Um sich nicht in ihrem Kunstschaffen verbiegen zu müssen und um nicht jeden Kundenwunsch mit ungutem Gefühl erfüllen zu müssen, beschränkt sich die Keramikerin nicht auf einen Beruf alleine. Sie ist flexibel. Nach der Schulzeit in Rottweil wäre es ihr Traum gewesen, Mathe und Sport auf Lehramt zu studieren, aber weil das in ihrem geburtenstarken Jahrgang zu viele wollten, musste sie sich eine Alternative überlegen – und da sah sie zum ersten Mal eine Töpferscheibe in Aktion und war von der Technik fasziniert. Sie lernte drehtöpfern in Aalen, besuchte dann die Fachschule für Keramikgestaltung und Keramiktechnik in Höhr-Grenzhausen, arbeitete zuerst im Kachelofenbau und machte sich vor 30 Jahren in Backnang selbstständig – zuerst einmal mit Keramik. Um aber beruflich nicht allein auf einem Bein zu stehen und nicht zu jedem Töpfermarkt fahren zu müssen, machte sie ihre zweite Leidenschaft ebenfalls zum Beruf: den Garten. Sie pflegt und gestaltet nach Kundenwunsch. Und um schließlich doch noch den alten Traum vom Lehramt zu erfüllen, gibt Sabin Brendle Werkunterricht an einer Grundschule.

Pflanzen bestimmen die keramische Arbeit von Sabin Brendle sowohl ästhetisch, als auch was ihren Zweck betrifft. Zwar gibt es bei ihr wunderschöne, stilvolle Briefkästen und auch Geschirr, doch in erster Linie werden in der Werkstatt Pflanzschalen hergestellt. Alles, was den Ofen verlässt, ist frostfest. Bei 1260 °C werden die Tonwaren bei offener Flamme gebrannt, was sie haltbar macht, ihnen aber auch eine gewollt unregelmäßige Struktur gibt.

SABIN BRENDLE
Staige 33 • 71522 Backnang • sabin-brendle.de • Tel. 07191/662 41

Es ist sichtbar, welche Seite der Gefäße dem Feuer zugewandt war.

Die Oberflächen sind entweder mit Stempeln gestaltet, die Motive sind teils der Natur entlehnte Ornamente: Wellen, Schnecken, Blätter, Blüten, die in den Ton gedrückt wurden. Oder sie sind in den schon angetrockneten, ungebrannten, aus ausgewellten Tonscheiben hergestellten Tonkörpern geschnitten und in Weiß, Durchsichtig oder hellem Blau lasiert, nicht aber bemalt. Rot oder andere kräftige Farben sucht man vergebens. Es geht Sabin Brendle um die Struktur der Lasuren, und die sind bei dem mineralischen, kristallisierenden und erst im Ofen verschmelzenden Blau interessanter. Auf die Frage nach ihrer Lieblingsfarbe gibt sie erst nach einiger Überlegung und nach einem Blick auf ihren Pullover mit rotem Muster Antwort. »Ich mag Rot. Aber bei der Keramik denke ich nicht in Farben. Da geht es mir um die Struktur. Kennen Sie solche dekorierten, mit Blumen bemalten Vasen, die ohne Strauß schöner sind als mit?«, fragt die Keramikerin zur Erklärung.

Sabin Brendle stellt gerne Gefäße für Pflanzen her, die zu ihr gebracht werden. Aufgabe ist es, dass das Gefäß die Pflanze, mit der es eine Einheit bilden soll, in Szene setzt, ihre Eigenart optisch unterstreicht. Und schon spricht Sabin Brendle nicht mehr über die Schönheit dessen, was sie erschafft, sondern über die Schönheit der Natur, über ihre Lieblingspflanzen, die Kamelien, die weniger anspruchsvoll seien, als man gemeinhin lese – und die großteils auch in unseren kalkhaltigeren

Für Sabin Brendle zählt die Form. Außer an Schalen und Gefäßen arbeitet die Keramikerin auch an realistischen Skulpturen. Sie bemalt selten. Häufiger drückt sie schmückende Ornamente in den noch feuchten Ton.

Böden gediehen –, oder über Eichblatthortensien, die auch Sonne aushalten.

Die im gemütlichen Vorgarten des Hauses zu bestaunenden Gartenskulpturen spiegeln diese Begeisterung für Pflanzen wider. Besonders oft sind es Farnblätter in den verschiedensten Stufen ihrer Entwicklung, wie sie sich langsam aus der Schneckenform befreien und strecken. Praktischen Nutzen haben die Staudenmerker, kleine Keramikhütchen. Sie erinnern den Gartenbesitzer daran, wo sich genau die Wurzeln einer Pflanze befinden, die sich im Winter ins Erdreich zurückgezogen hat, sodass man nicht beim Ausgraben und Teilen der Frühblüher und Zwiebeln aus Versehen die Sommerblumen beschädigt.

Wer organische Formen und Farben nicht nur im Garten um sich haben möchte, der sollte sich überlegen, ob er statt eines Waschbeckens von der Stange nicht auch in seinem Bad eine individuell gefertigte Keramikschale einbauen möchte. Vorrätig gibt es die nicht. Lediglich ein Vorschlag ist im Ausstellungsraum zu sehen, eine innen blau glasierte, außen tonfarben matte, übergroße Walnussschale. In einem Korb liegen verschiedene Vorschläge für gestempelte Fliesen, die mit industriell gefertigten kombiniert werden können – modern, individuell und erdverbunden.

Sabin Brendles Tipp:

Gleich oberhalb von Sabin Brendles Haus beginnt der Zeller Weg, der, vorbei am Waldheim, in den Plattenwald führt. Wegweiser zeigen einige Wege durch diesen Wald in die umliegenden Dörfer. Ein beliebtes Ziel ist der landschaftlich wunderschön gelegene Eschelhof, der an den Wochenenden vom Albverein bewirtschaftet wird.

Hegnacher Scheunenladen

Eine Maschinenbau-Technikerin rettet Opas Scheune

Ein Café war nie der Lebenstraum von Renate Jung. Sie hat in ihrer Jugend im Kino bedient. Das hatte auch Spaß gemacht. Aber beruflich? Nein! Sie wurde technische Zeichnerin, arbeitete im Maschinenbau und eigentlich hatte sie geplant, Kurse in CAD zu geben, also anderen beizubringen, wie man mit Computerunterstützung Konstruktionszeichnungen entwirft. Sie hat viel technischen Sachverstand – und der sei beim Eröffnen eines Cafés gar nicht unerheblich, findet sie.

Ihr Berufsleben wurde durcheinandergewirbelt durch eine Prothese, die in ihre Halswirbelsäule eingesetzt werden musste. Schreibtischarbeit war von nun an tabu, zumindest sollte sie nicht den ganzen Tag am Bildschirm sitzen. Was nun?

Renate Jung hat ein Faible für Kunsthandwerkermärkte. Aber die finden nur im Sommer statt – und bei Regen ist auch der Umsatz trüb. Und so kam die einstige Technikerin auf die Idee, einen Indoor-Kunsthandwerkermarkt zu eröffnen. Sie ließ sich 2014 gründlich beraten, besuchte Existenzgründerseminare, nahm Angebote des Landes für Unternehmerinnen in Anspruch und entwarf ein Konzept. 2017 konnte sie in der Scheune ihres Opas eröffnen. »Das mit meinem Hals hat so sein müssen.« Davon ist Renate Jung überzeugt. »Und manchmal stelle ich mir vor, dass mein Vater von oben runterschaut. Er ist 2009 verstorben. Er liebte Cafés. Er ging jeden Sonntag ins Café!«

Die Scheune hat der Opa 1951 gebaut. Die Durchbrüche in der Mauer sind heute noch da, wo der Opa sie geplant hat. Omas Küchenbüfett hat seinen besten Platz im Laden gefunden. Die Toiletten befinden sich im vom Vater errichteten Anbau für die Kälber. Alle baulichen Veränderungen hat die Besitzerin mit großer Sorgfalt vorgenommen. Außen sollte der Steincharakter erhalten bleiben. So entschied sie sich für eine Innendämmung aus Holzfasern. Holzbalken ließ sie mit Trockeneis sanft abstrahlen. Sie arbeitete sich in Bautechniken ein und übernahm die

HEGNACHER SCHEUNENLADEN
Renate Jung • Schickhardtstraße 55 • 71334 Waiblingen
hegnacher-scheunenladen.de • Tel. 07151/944 81 92

Renate Jungs Tipp:

Gleich hinter Hegnach hat sich die Rems tief in den Muschelkalk eingeschnitten. Der Abstieg ins untere Remstal lohnt sich, denn es handelt sich um ein Europäisches Vogelschutzgebiet mit Eisvögeln und Uhus, Gebirgsstelzen und Gänsesägern.

Gespräche mit den Handwerkern selbst. Nur die Zwischenempore ließ sie abreißen und eine neue Treppe einbauen, deren Modernität einen angenehmen Kontrast bildet zum Erhaltenen. Renate Jung ist froh, dass sie einen Statiker mit kreativer Ader gefunden hat. Es war nicht leicht, aus einem Stall einen modernen Seminarraum zu machen, dessen Equipment sich einfach verstauen lässt und der durch die Holzakustik-Decke allen Anforderungen gerecht wird. Den Raum vermietet Claudia Jung auch an Sportangebote oder für Geburtstagsfeiern.

Bezahlt hat Renate Jung die Umbauten vom Verkauf der Äcker. Es sei nicht sinnvoll gewesen, sie zu behalten. Die Pacht sei gering gewesen. Sie ist mit dem, was sie geschaffen hat, zufrieden, auch wenn sie ganze Nächte im Büro verbringe, trotz Halswirbelsäulenprothese. »Es macht mir nichts aus. Es ist meins. Ich kann es mir einteilen.« Manchmal hilft die Schwester mit, regelmäßig der Sohn und die Tochter.

»Dass ich ein Café betreibe, ist der größte Witz«, gibt Renate Jung zu. Die Idee habe die Gründungsberatung gehabt, da ein Laden wie ihrer von einem Dorf wie Hegnach nicht leben könne. Da müsse Gastro rein. Und ausgerechnet sie, die in der Schule das Backen gemieden habe, entschied sich für ein Café. Sie macht die wundervollen Kuchen, die hinter dem Haus unter Schatten spendenden Bäumen, innen, neben der Theke und oben auf der Empore serviert werden, nicht selbst. »Die kommen von der Steffi!« Die Konditorin backt daheim und hat ein kleines Kind. Sie liefert die lockeren Aprikosen-

Mohn-Schnitten, die Brownies, Himbeer-Käse-Kuchen und Apfelkuchen mit Eierlikör. Sie hat auch immer wieder neue Ideen. Und wenn das Kind krank sein sollte, dann holt Renate Jung den Kuchen auf dem Weg zum Scheunenladen direkt in der Backstube ab. »Wir haben beide was davon!«

Viele Gäste kommen wegen des Warenangebots, wegen der Möbel von Jan Cray aus Altholz, an denen auch vor Ort Platz genommen werden kann, oder der Upcycling-Taschen von Anja Haase in Weinstadt-Endersbach, die diese aus alten Comics oder Werbeplakaten webt. Man bekommt die Kollektion der Strickdesignerin Kerstin Nägler aus Pliezhausen oder die in Stuttgart genähten Bowleanies-Taschen aus in der Maschine waschbarem Lederfaserstoff, der ausschließlich aus Produktionsabfällen der Lederindustrie hergestellt wird. Klassisches Kunsthandwerk macht inzwischen nur einen kleinen Teil des Angebots aus. Viel ist aus kleinen und regionalen designorientierten Manufakturen. Viele Kundinnen und Kunden suchen Schönes für sich selbst, aber manche wollen auch ein Geschenk erwerben oder schlendern einfach so zwischen den angebotenen Gegenständen: Porzellan und Glas, Schmuck, Textilien, Keramik, Öle und Tees.

Die meisten Hegnacher aber kommen wegen des Cafés vorbei und schauen nach, ob die große, bunt bemalte Kuh vor der Türe steht. Das bedeutet: Das Café hat geöffnet. Sie kommen wegen des Ambientes im blumengeschmückten Garten neben dem pittoresken Hühnerstall – und wegen Steffis hervorragenden Kuchens.

Neben den kunsthandwerklich gefertigten Produkten gibt es auch im Laden selbst einen Cafébereich. Im Sommer aber sitzen die Gäste lieber auf dem geschotterten Platz hinter dem Haus im Schatten oder auch direkt vor der Scheune.

Apfeltraum mit Eierlikör

Sahnig-fruchtiges Kunsthandwerk

Zutaten

Für den Mürbeteig
150 g Mehl
75 g Zucker
75 g Butter
1 TL Backpulver
1 mittelgroßes Ei

Für die Füllung
0,75 l Apfelsaft
250 g Zucker
2 Päckchen Vanillezucker
1 Packung Vanillepuddingpulver
1 kg säuerliche Äpfel
0,5 l süße Sahne
1 Päckchen Sahnesteif
10 EL Eierlikör

Außerdem
Kochtopf
Knetschüssel, Rührschüssel
Schneidebrett
Schäler
Messer
Rührgerät
Backform für Blechkuchenschnitten
Spritzbeutel mit Tülle für Rosetten

Zubereitung

Alle Zutaten des Mürbeteigs zu einem Teig verkneten, kühl stellen und in die rechteckige Kuchenform legen.

Nun Apfelsaft, Zucker und Vanillezucker aufkochen. Das Puddingpulver einrühren und dabei das Rezept auf der jeweiligen Packung befolgen. Die Äpfel schälen und in kleine Würfelchen schneiden, die zu der gekochten Masse gegeben werden. Das Ganze wird nun auf dem Mürbeteig verteilt und in den Ofen geschoben. Der Kuchen muss nun bei 180 °C Umluft 45 bis 50 Minuten backen, danach auskühlen.

In der Zwischenzeit kann man die Sahne steif schlagen und dabei den Inhalt eines Päckchens Sahnesteif nach Anleitung zugeben. Auf dem Kuchen darf sie erst verstrichen werden, wenn der nicht mehr warm ist. Nun spritzt man mit einer Tülle einen Rand auf den mit Sahne beschichteten Kuchen, damit der Eierlikör, der zuletzt auf der Oberfläche verteilt wird, nicht seitlich herunterlaufen kann.

illy.

Aslimay Altay Göney

Schere – Tinte – Papier

Aslimay Altay Göneys Atelier befindet sich in einer baulichen Besonderheit: Das dreigeschossige Gebäude aus Ziegeln war der Pferdestall einer Spedition, um 1900 errichtet. Das Gemeinschaftsatelier liegt dort, wo früher der Hafer und das Heu für die Zugtiere untergebracht waren. Wer hierherauf möchte, nimmt bis ins Erdgeschoss die Rampe aus Eichenholz, auf dem früher die Pferde in ihre Boxen gebracht wurden. Der Stall ist Teil der faszinierenden Industriearchitektur, die man in der Esslinger Weststadt entdecken kann.

»Kunst ist, etwas so zu machen, wie es vorher noch nie gemacht worden ist«, erklärt die Künstlerin beim Kaffee im durch Oberlichter erhellten Atelier-Raum. Das heiße aber nicht, dass man ignorieren sollte, was es davor schon gab. Der Raum in dem denkmalgeschützten Gebäude mit den Holzbalken und den sichtbar verlegten Rohren passt zu ihr und ihrem Konzept von Kunst.

Sie weiß Historisches zu schätzen. In der Türkei sei zu der Zeit, als sie an der Universität der Bildenden Künste in Istanbul Bildhauerei studiert hat, im Geiste der türkischen Gründungsideologie alles Traditionelle abgelehnt worden. Die faszinierende Kunst islamischer Miniaturen sei kein Unterrichtsinhalt gewesen. Historische Gebäude mit alten Inschriften seien nicht mehr von Behörden benutzt worden. Man habe mit dem Alten gebrochen und dadurch der Bevölkerung eine Basis genommen. Aslimay, die auch mit ihrem Vornamen signiert, sei dennoch in die Moscheen gegangen, habe sich die Dekorationen angesehen, die Malweise studiert.

Sie sei nicht religiös, sagt Aslimay Göney: »Das Konzept eines männlichen Gottes hat mich als Frau nie überzeugt«, meint sie entschieden. Aber sie habe Respekt vor allen Kulturen und auch vor der religiösen Kunst. Alles, was Menschen schaffen, ist in ihren Augen Kultur.

Die türkische Gesellschaft sei tief gespalten. Und wenn man aus einem solchen Land stamme, dann müsse man sich mit Politik befassen. Politisch sei ihre Kunst aber nicht. Die Frau, die sich als Feministin und Sozialistin bezeichnet und vegetarisch lebt, denkt eine Weile nach. »Nein! Ich stelle niemanden dar, der Fahnen schwenkt!« Aber in fast all ihren Werken geht es um Solidarität, um gelebte Gemeinschaft.

ASLIMAY ALTAY GÖNEY
Atelier: Martinstraße 27/1 • 73728 Esslingen am Neckar • aslimayaltay.com
Tel. 0176/31004661

Die Erfahrungen als Kind in der Türkei spielen in den plastischen, filigranen Papierarbeiten eine Rolle. Eine Serie hat betende männliche Muslime zum Gegenstand. Ihre gehäkelten Kopfbedeckungen haben die Künstlerin fasziniert: dass die Männer, wenn sie unter sich sind, wenn sie getrennt von den Frauen die Moschee besuchen, etwas so Feines und Elegantes tragen, was Frauen in Handarbeit hergestellt haben. Gesichter haben die Personen nicht. Ihre Umrisse sind teilweise aus mit Tinte gefärbtem Papier geschnitten. Die Einzelpersonen sind nur angedeutet. Sie verschmelzen. Nur die filigranen Muster der Mützen und ihre parallel auf den Oberschenkeln liegenden Hände leuchten weiß. Die Perspektive, aus der die Männer betrachtet werden, entspricht der in islamischen Miniaturen.

Die türkische Kultur ist aber keineswegs die einzige Inspirationsquelle der Mutter eines Kindergartenkindes, das dreisprachig aufwächst. Schon als Kind hat die reisebegeisterte Weltbürgerin London und Rom kennengelernt – auf Reisen mit der Mutter. Damaskus hatte es ihr, ehe der Krieg in Syrien ausbrach, genauso angetan. Sie war als Künstlerin zum Workshop in Ägypten. Ihr Mann hat lange in den USA gelebt. In ihrem Teil des Ateliers hängt eine Schattenspielfigur aus Java. Für die Ausstattung von Innenräumen liebt sie usbekische Ikat-Webereien.

Die meisten ihrer Werke stellt Aslimay auch nach zehn Jahren in Deutschland weiter in Istanbul aus und verkauft sie auch dort. »Der Kunstmarkt in meinem Heimatland funktioniert anders. Wer in der Türkei Kunst genießt

In dem einstigen Pferdestall liegt im ersten Stock das Gemeinschaftsatelier, in dem man den Bereich der Künstlerin an den Scherenschnitten erkennt, für die sogar Orangenschalen als Material dienen können.

A. A. Göneys Tipp:

Im Gelben Haus – dem Stadtmuseum – gibt es unter dem Dach wenig Ausstellungsstücke und wenig Besucher und die Skulpturen, die die studierte Bildhauerin in ganz Esslingen am meisten faszinieren: die Originale der Glockenspielfiguren des Rathauses.

und sich mit ihr befassen will, muss sie besitzen. In Deutschland gibt es selbst in Kleinstädten Ausstellungen zeitgenössischer Kunst. Man kann Kunst betrachten, egal wo man lebt. Sie ist öffentlich zugänglich.« In der Türkei sei sie in Privatbesitz und selbst Akademiker ohne hohes Einkommen kaufen Kunst. In der Türkei sei Kunst ein Luxus, den sich Menschen gönnen, die gerne Kontakt haben wollen zur Welt der Künstler, die sich zurechnen wollen zur Insel der kulturell Interessierten.

Die Esslingerin bedauert, dass es ihr schwerfällt, in Deutschland eine renommierte Galerie zu finden. Für Projekte, bei denen es um Interkulturalität gehe, werde sie gerne angefragt, doch im Handel gebe es in Deutschland andere Prioritäten.

Aslimay genießt in Deutschland aber die zwar nicht überall, aber doch oft anzutreffende Offenheit der Kulturen füreinander. »Ich kann in eine Kirche gehen und dort ein Jazzkonzert hören. Die Kirchen erlauben, dass in ihren Räumen auch Nichtreligiöses stattfinden darf. Und das gefällt mir.« In jedem Land gebe es Gesellschaften, die parallel zueinander existieren. Und jede Gesellschaft sei in Klassen oder Hierarchien organisiert. Aber hier in Deutschland gehen sie eher aufeinander zu. Die Gräben sind weniger tief. »In der Kunst ist es wichtig, was man erzählt, aber wichtiger, wie man es erzählt«, sagt Aslimay. Ihr Thema ist das Miteinander und sie erzählt es auf filigrane, interkulturelle, weibliche und einzigartige Weise.

Rolf Bay

Meisterschaft für Licht und Farbe

Wenn sich an schönen Orten leichter Schönes entwickeln kann, dann ist es kein Wunder, dass in der einstigen Maschinenfabrik Fritz-Müller-Pressen aus der Zeit der Industrialisierung brillante, durchscheinende Kunst entsteht. Esslingen ist eine Stadt mit einer reichen Geschichte, und die meisten, die sie erzählen, stellen das Mittelalter in den Vordergrund. Aber auch die Gründerzeit hat architektonische Perlen wie das Industrie-Fachwerkgebäude von 1884 hinterlassen.

Der einstige Dampfmaschinenraum mit Glastüren, verziert mit Jugendstilelementen, beherbergt die Verkaufsausstellung der heutigen Werkstatt für Glasmalerei und Glasgestaltung. Rolf Bay weiß, in welchem Schatz er arbeitet, und öffnet die Räume regelmäßig für Künstler, die an diesem geschäftig-nostalgischen Ort auftreten möchten.

Die Glaswerkstatt selbst befindet sich in der »Dreherei 1«. Der Bauplan mit den Beschriftungen hängt an der Wand im Gang zum WC. 1912 wurde die Fabrik den Erstbesitzern zu eng. Seit 1936 wird sie vermietet. Rolf Bay bedauert: Die Vornutzer haben viel zerstört. Er selbst hat das Gebäude 2000 übernommen. Es war in Familienbesitz. Ein Nachmieter war gesucht worden.

Jahrelang war der Firmeninhaber von »Gaiser + Fieber« zwischen Ateliers in Heilbronn, Stuttgart und Gerlingen hin- und hergefahren. Nun wohnt und arbeitet er an einem Ort, wie es für Meister früher üblich war. Er hat den alten Charme zurückgeholt, die Balken freigelegt und mit Brandschutzlasur gestrichen und gekalkt. Nicht nur er schätzt die Arbeitsatmosphäre in dem hohen, lichtdurchfluteten Raum. Er vermietet auch an andere Glaskünstler, die seinen Ofen mitbenutzen. Es geht nicht um das Zubrot. Rolf Bay mag den Austausch: »Kreative Atmosphäre tut dem Betrieb gut. Sonst entsteht nichts Neues.«

Gerne würde Rolf Bay weniger im Büro sitzen, in dem sich noch alte Firmenunterlagen der Firma »Gaiser + Fieber« von 1913 befinden, die die Preise in Reichsmark angeben. Bay, der die Stuttgarter Firma 1992 übernommen hat, hat nachgerechnet, was Kunstglaserarbeiten damals gekostet haben. Dabei stellte er fest, wie schlecht heute bezahlt wird. Heute bekommen die Kunstglaser, wenn man den Geldwert bereinigt, mindestens ein Drittel weniger. Und

ROLF BAY

Martinstraße 41–43 • 73728 Esslingen • gaiserundfieber.de • Tel. 0711/60 24 68

auch Auszubildende sind nicht leicht zu finden. Man kann sie nicht mit der Aussicht auf ein späteres gutes Gehalt locken.

Rolf Bay würde gerne selbst mehr mit Hand anlegen. Er nimmt sich aber Zeit für alles, was mit bunt gestalteten Verglasungen zu tun hat. Regelmäßig etwa gibt er Kurse für den Mesnerbund. Lange habe man die Kirchen wärmeisoliert und damit Bleiverglasungen hinter modernen Scheiben verschwinden lassen. Heute gibt es Bankheizungen und man muss die Außenhaut der Kirchen nicht mehr undurchlässig machen. Und so schult er die Angestellten der Kirchen, auf was man beim Putzen und Lüften achten muss, damit die Fenster keinen Schaden nehmen.

»Ich hab unheimlich gerne Gäste da.« Das nimmt man dem freundlichen Werkstattchef ab. Wichtig sind ihm auch Kontakte zu Architekten. Die Kunst des Glasmalens und der Kunstverglasung dürfe einfach nicht vergessen werden. Schon im Barock sei die Kunst einmal ausgestorben gewesen – und es sei mühsam gewesen, das alte Wissen wiederzuerlangen. So soll es nicht wieder geschehen. Architekten hätten sich zu lange als Künstler gesehen. Dabei komme es auf die gemeinsame Arbeit der Gewerke an. Kunstverglasungen müsse man mitplanen. Und sie seien auch möglich, wenn man außen eine Funktionsverglasung habe. Von 1900 bis 1950 seien Treppenhäuser oft mit Bleiverglasungen ausgestattet worden, die Besucher mit buntem, heiterem Licht empfangen hätten. Nach dem Krieg habe man die Privatkundschaft vernachlässigt.

Im Wiesenstück zeigt sich die ganze Kunstfertigkeit Bays, doch auch kleine und preiswerte Mitbringsel sind im Ausstellungsraum der Kunstglaserei zu bekommen und bringen leuchtende Farben auf die Fensterbank.

Wenn man die Werkstatt Rolf Bays besucht, staunt man, wie viele Möglichkeiten es gibt, mit Glas zu arbeiten. Man kann bei ihm brillante Ringe und Ketten aus ineinander verschmolzenen Glasstücken erwerben. Glas schmelze, so erklärt Bay, schneller als Porzellan. Man bekommt zu sehen, wie nach einer Vorzeichnung Pappschablonen für die Glasstücke ausgeschnitten werden, die später mit Blei zusammengefügt werden. Auf der Innenbalustrade steht eine auf Glas gemalte Straßenszene. Natur werde immer in die Glasmalerei eingezogen. Selbst auf alten Fenstern der Gotik haben die Glasmaler an Gräser und Wiesenblumen gedacht.

Noch zur Zeit von Rolf Bays Ausbildung haben Glasmaler und Kunstglaser zusammengearbeitet. Es seien zwei Berufe gewesen, aus gutem Grund, denn beide erfordern eigenes Geschick und sehr viel Fachwissen. Rolf Bay ist einer der letzten, der neben Kunstglasermeister noch Glas- und Porzellanmalermeister werden konnte und damit zwei Meisterprüfungen abgelegt hat. Er ist stolz, die Gabe zu beidem mitbekommen zu haben.

Rolf Bays Tipp:

Gästen empfiehlt Rolf Bay, unbedingt die Esslinger Altstadt anzusehen und dabei nach oben zu schauen auf die wunderbaren Dachgärten. Man entdeckt so viele schöne Dinge, wenn man sich die Dächer anschaut: Farne, Spinnen, Hauswurz. Es lohnt sich, auf die Ornamentik der Natur zu achten.

Aus allem, was Rolf Bay sagt, sprüht Begeisterung für das, was er herstellt. Noch immer kann er sich nicht sattsehen am Funkeln des gefärbten Glases. Er liebt es, Kindern in seinen Räumen die Schönheit der Farben zu zeigen, die in keinem Material so zur Geltung kommen wie in Glas. »Kinder«, sagt er, »sind wie Gefäße, in die man so viel Schönes füllen kann – und die sich so begeistern lassen.« Er hat die für sich richtige Berufswahl getroffen: »Der Mensch muss arbeiten seit dem Sündenfall. Aber nirgendwo steht, dass es nicht Spaß machen darf!«

Hygge Café und Bistro

Annelie Maschings Esslinger Vorstadtoase

Das Hygge ist hyggelig, also kühle Gemütlichkeit im dänischen Stil. Die Speisekarte ist aber nicht die eines Nationalitäten-Cafés – und Annelie Masching ist keine Dänin, sondern hier am Neckar aufgewachsen.

Der Weg der Inhaberin zu einem Café in Oberesslingen ist dennoch ungewöhnlich. An seinem Anfang stand der Traum von der großen weiten Welt. Annelie Masching begann mit 15 Jahren, sich in der Gastronomie ihr Taschengeld zu verdienen, und mit 17 hatte sie das Ziel, Hotelfachfrau zu lernen. Als Hotelfachfrau kann man die Welt sehen. Man kann auf Schiffen arbeiten. Die ideale Ausbildung für Weltenbummler. Sie hat in einem Luxushotel in Stuttgart gelernt, wechselte dann ins Domhotel in Köln. Das englischsprachige Ausland hätte die Gastronomin interessiert, die Sprache perfekt zu lernen!

Aber dann kam alles anders. Die Cafébetreiberin bereut aber nicht, dass sie, statt beruflich die Welt zu entdecken, wegen der Familie zurückgekommen ist an den Neckar. Sie lernte Betriebsabläufe zu planen und zu implementieren, Effizienz und Wirtschaftlichkeit zu verbessern, Marketing zu betreiben. Und das tat sie die kommenden Jahre für einen Konzern, an dessen Produkten sie nicht hing. Und als es die Gelegenheit gab, sich abfinden zu lassen und so Rücklagen zu schaffen, sah sie die Gelegenheit, etwas Eigenes aufzubauen, einen schönen Ort zu schaffen. Und weil Annelie Masching nichts tut, ohne sich vorher gründlich einzuarbeiten, besuchte sie eine Weiterbildung als Ernährungsberaterin.

Nun fehlte noch eine Location für das neue Café. Da hörte sie, dass eine Kneipe in Oberesslingen nicht weit von ihrer Wohnung aufgegeben wird und wagte sich in den verrauchten Raum voller Fußballschals und mit vergilbten Vorhängen. Er gehörte einer Erbengemeinschaft. Schon beim Betreten des Raums sah Annelie Masching die Bank vor dem Fenster vor sich, wandelte den Raum im Kopf in einen schönen Ort um. Dann begann sie den alten Boden rauszureißen, ließ sich von einem befreundeten Zimmermann aus roher Eiche die Einrichtung zimmern, die sie selbst ölte, zog Topfpflänzchen, versuchte mit ruhigen Farben wie dunk-

HYGGE CAFÉ UND BISTRO
Annelie Masching • Schorndorfer Straße 69 • 73730 Esslingen am Neckar
hygge-esslingen.de • Tel. 0711/50 45 54 16

Annelie Maschings Tipp:

Annelie Masching empfiehlt einen Spaziergang zwischen Hegensberg, Kennenburg und Oberesslingen, besonders zu der Zeit, wenn die Birnen blühen. Die Blüte ist wunderschön!

lem Petrol Ruhe in den Raum zu bringen, zu dem die Deko aus Eukalyptus passt, wegen ihres hellen Blaugrüns. Draußen wächst alles, der Eukalyptus, der Hopfen, der Lavendel. Die Möbel im Außenbereich sind aus altem Bootsholz.

Kann man ein hippes Café nach großstädtischem Vorbild in einer Vorstadt eröffnen? Als Wirtschaftsingenieurin war die Gründerin nicht blauäugig. Es ging ihr nicht darum, einen Traum zu verwirklichen. Sie wollte sich danach richten, was denn genau hier fehlt, an der Straße, an der die Autos aus dem Schurwald ins Tal fahren. Natürlich gibt es in der Gastronomie viele Quereinsteiger, »aber das geht schnell schief, wenn man nicht betriebswirtschaftlich denkt«, sagt Annelie Masching. Sie selbst hat keine Angst vor Buchhaltung. Sie schätzt die Tätigkeit als einen Teil ihres Lebens als Selbstständige. Sie mag die Abwechslung in dem, was sie tut: kellnern, einkaufen, kochen und eben auch rechnen. Und sie hat von vornherein einkalkuliert, dass der Verdienst geringer sein wird als der einer Ingenieurin.

Was gibt es im Hygge? Das, was die Betreiberin gerne mal wieder essen möchte – oder die Kinder, die auch im Café mitessen. Und sie kocht nur, was auch ernährungsphysiologisch sinnvoll ist. Der Schwerpunkt liegt bei pflanzlichen, möglichst wenig verarbeiteten Lebensmitteln. Viel für Veganer ist dabei, denn das Motto ist »Obst und Gemüse Raum zu geben«, wie Masching sagt, »und das nicht zur Beilage zu degradieren«. Man sinke nach dem Verzehr ihrer Speisen nicht ins von ihr sogenannte »Foodkoma«.

Prinzipiell hat sie nichts gegen Fleisch, wenn die Tiere anständig gehalten wurden. Manche, besonders männliche Gäste, würden das Schnitzel auf der Karte vermissen, aber auch die werden auf der Wochenkarte fündig. Damit die Speisekarte auch optisch anspricht, hat die

Gastgeberin einen Kalligrafiekurs besucht. Es gibt auch eine, allerdings überschaubare, ständige Karte. Und in erster Linie werden im Hygge kleine Mahlzeiten eingenommen – etwa von den Lehrerinnen von gegenüber und von den Beschäftigten der nahen Heime. Es kommen aber auch viele einzelne Gäste, die am Laptop arbeiten und das WLAN nutzen. Immer häufiger kommen Familien, bei denen die Mütter vorgekostet haben. Die meisten Gäste sind aus dem Stadtteil.

Sie essen Rührei mit Tomate und Feta, Smoothie-Bowls, und sie lieben das Bananenbrot. Bei den Kuchen findet nie weißer Zucker, sondern Ahornsirup, brauner Zucker oder Datteln zum Süßen Verwendung. Dazu bestellen die Kundinnen und Kunden gerne einen Americano oder einen Flat White, dessen Name daher rührt, dass der Milchschaum nicht übersteht, wie beim Cappuccino, sondern mit dem Tassenrand abschließt.

Die Bohnen stammen von einem Kaffeeröster aus Oberesslingen, einem »supernetten, kompetenten Typen«, schwärmt die Inhaberin. Er kommt aus Brasilien, kennt viele Anbauer persönlich.

Wer keine Zeit hat, sich in das stilvolle Café zu setzen, kann sein Essen auch mitnehmen. Man bekommt sogenannte Rebowls, das sind Schüsseln auf Pfandbasis. Sie sind auslaufsicher, für die Mikrowelle geeignet und man kann sie überall abgeben und erhält das Pfand zurück. Wie praktisch, dass die Rebowls mit ihrem wässrigen Grün perfekt ins Farbkonzept des Hygge passen!

Petrol gibt dem Raum eine gemütliche Kühle. Die Farbe wiederholt sich nicht nur an Wänden und Kissen, auch Lavendel und Eukalyptus passen ins Farbkonzept. Das trifft sogar für die Recup-Becher zu. Sie vermeiden Wegwerfgefäße.

Smoothie-Bowl

Annelie Maschings Frühstück für 2–3 Portionen

Zutaten

30 g Datteln
1–2 EL Kokosflocken
1 EL Chia- oder Leinsamen
50 g Haferflocken
300–400 g gefrorene Beeren (wir verwenden Himbeeren und Heidelbeeren)
1 Banane
150–200 ml Kokosmilch oder eine andere pflanzliche Alternative
Toppings nach Wahl – beispielsweise geschälte Hanfsamen, Kakao-Nibs, Goji-Beeren, Früchte der Saison und Mandelmus

Zubereitung

Datteln grob zerkleinern und alle Zutaten (außer Toppings) miteinander pürieren. Mit wenig Kokosmilch starten – der Smoothie soll nicht zu flüssig sein, da er gelöffelt wird – und bei Bedarf nach und nach mehr verwenden.

Smoothie in eine Schüssel füllen und mit Toppings dekorieren.

Margit Schranner

Vielschichtig und vielseitig

Einer der Lieblingsplätze von Margit Schranner ist die kleine Sitzecke mit den Korbstühlchen vor dem Atelier, das in einem Hof an der von Bäumen gesäumten Blumenstraße gegenüber der Katharinenschule liegt. Hier ist es ruhig. Sie hat Getränke auf dem eingrenzenden Mäuerchen abgestellt, die nackten Füße auf die Sitzfläche gezogen.

Als sie 2017 von dem frei werdenden Atelier von Bekannten gehört hat, stand die Eröffnung eines Ateliers eigentlich nicht auf der Tagesordnung. Dennoch ist sie mit ihrem ehemaligen Mitstudenten und Druckgrafiker Thomas Lang hergekommen. Der Hof sei zugänglich gewesen. Sie hätten durch die Fenster in den hellen Innenraum gelugt und waren sicher: Sie müssen das Geld für die Miete zusammenbekommen. Das ist der ideale Ort, um zu arbeiten. Inzwischen wird das Atelier nur noch von Margit Schranner und ab und an Kursteilnehmerinnen und Kursteilnehmern genutzt, die bei ihr die Intagliotypie lernen.

Inta-was? Die Künstlerin erklärt: Für traditionelle Kupferstiche wird das Motiv mit Säuren in das Metall geätzt. Die Farben werden mit Terpentin verarbeitet. Deshalb wabern durch eine normale Tiefdruckwerkstatt Lösungsmitteldämpfe. Margit Schranner sieht im Tiefdruck eine ihrer wichtigsten Ausdrucksmöglichkeiten, aber sie hat während ihres Studiums an der Kunstschule Nürtingen einen Flyer in die Hände bekommen, auf dem die Edinburgh Printmakers für ein moderneres Verfahren warben, das erst 1995 erfunden worden war – die Intagliotypie eben. Das ist eine umweltfreundliche und besonders gesundheitsverträgliche Form des Tiefdrucks und ermöglicht das Anfertigen von Radierungen mit wasserlöslichen Farben statt Säuren. Nach dem Studium lernte Margit Schranner in Schottland, wo sie schon vor dem Studium in einer Camphillgemeinschaft gearbeitet hatte, wie man drucken kann, ohne die Umwelt und sich selbst zu belasten. Sie schwärmt noch heute von der großen Werkstatt, die verschiedene Künstler eigenständig nutzen konnten, nachdem sie einen Einführungskurs besucht hatten.

Bei der Intagliotypie wird eine Metallplatte mit einem lichtempfindlichen Film, der aus der

MARGIT SCHRANNER
Atelier: Blumenstraße 52 • 73728 Esslingen am Neckar • margit-schranner.de
Tel. 0711/310 52 62

Leiterplattenindustrie stammt, laminiert. Dadurch kann Margit Schranner in der Belichtungsmaschine Zeichnungen, aber auch Fotos, welche man vorher auf eine durchsichtige Folie kopiert hat, auf die Platte übertragen. Alles, was belichtet wurde, löst sich beim Abwischen mit Backpulver ab. Nun wird die Platte mit Farbe eingerieben, die in den Vertiefungen hängen bleibt; die Platte wird auf ein feuchtes Papier gelegt und durch die Presse geschoben, die in der Mitte des Raumes steht.

Auf dem Papier wird die Druckfarbe beim Trocknen wasserfest und es kann erneut gewässert werden. Die Druckerin legt oft mehrere Bildschichten übereinander, auf demselben Papier, oft aber auch übereinander auf durch Nähte befestigten Japanpapieren, die jede Schicht durchscheinen lassen.

Oft zeigt eine Schicht den Ort, an dem ein Bild ausgestellt werden soll, und Spuren seiner Geschichte, wie Risse im Boden, Stadtplanausschnitte, Kanalverläufe; eine zeigt fotografierte Menschen, die sich an diesem Ort bewegen. Die Bilder sind komplex und sie zeigen die Vielschichtigkeit aller Lebensbereiche. Margit Schranner ist sicher, dass »es nicht nur einen ersten Blick auf Dinge gibt, sondern es gibt immer noch etwas dahinter und noch etwas dahinter«. Genau diese Tiefe strahlen die Bilder der Künstlerin aus, die Komplexität der Welt, den Perspektivwechsel. Sie machen Mut, die Mehrdimensionalität zu erkennen und zu akzeptieren, statt einfache Antworten zu suchen und sich mit dem ersten Eindruck eines Menschen oder eines Orts zu begnügen.

In der Mitte der Werkstatt steht auf dem alten, strapazierfähigen Dielenboden die Druckerpresse. Es werden keine Texte gedruckt, aber Buchstaben spielen neben Farben im Werk Margit Schranners eine große Rolle.

Vielschichtig und vielseitig ist auch das Leben der einstigen Bürokauffrau und Fremdsprachenkorrespondentin, die in einem kleinen Dorf bei Freising aufgewachsen ist, in dem Kunst keine Rolle spielte. Sie durfte schon als Schülerin Kurse im Töpfern oder Porträtzeichnen besuchen, doch die im Krieg geborenen Eltern achteten mehr darauf, dass für das Wohlergehen gesorgt ist, als sich um Kultur zu kümmern. Dennoch waren sie einverstanden mit dem Weg der Tochter, die erst nach den zwei bodenständigen Ausbildungen Kunsttherapie zu studieren begann.

Als Kunsttherapeutin arbeitet sie in Teilzeit in einem Hospiz, wo sie Kunst mit Sterbenden betrachtet oder, je nach deren Kräften, erschafft. Und sie hat auch eine Kinderkunstwerkstatt gegründet, ein offenes Angebot der Volkshochschule in Ostfildern. Sie liebt diese Vielfalt und wundert sich, dass sie zeitweise morgens im Hospiz Bilder nach Anleitung todkranker Menschen malen kann und nachmittags die Quirligkeit der begeisterungsfähigen Kinder zwischen sechs und zwölf Jahren, die alle Aufmerksamkeit fordern, ertragen und genießen kann. Aber sie braucht auch den Freiraum für ihre eigenen Arbeiten, das Arbeiten alleine im Atelier, in dem Drucke und Gemälde entstehen, oft anlässlich von Gemeinschaftsausstellungen und zu einem vorgegebenen Motto. Und sie braucht die Pausen vor dem Atelier – in ihrem gemütlichen Korbsesselchen – die Teetasse in der Hand.

Margit Schranners Tipp:

Auf dem Weg zur Kinderkunstwerkstatt radelt Margit Schranner immer mit dem E-Bike durch den Park der Villa Merkel mit den uralten Bäumen. Die riesigen Magnolien direkt vor der Villa, an deren Wurzel auf einer runden Fläche Frühblüher sprießen, sind absolut sehenswert.

Schwarzes Rössl

Matthias Rapp bewirtet und lebt gern in Wernau

Matthias Rapp bedient souverän die Espressomaschine der Marke »La Marzocco«, deren berühmte Manufaktur sich nahe Florenz befindet, einem Ort, der zur Gemeinschaft der schönsten Orte Italiens gehört. Es ist eine Profi-Siebträgermaschine, an der Matthias Rapp den Dampf durch das Kaffeepulver jagt und die Milch zischend aufschäumt. Der Kaffee wird in Stuttgart geröstet. Die kleine Rösterei importiert den Kaffee mit dem Markennamen zum Teil selbst und bezahlt den Kaffeebauern faire Preise dafür. »Mókuska« bedeutet auf Deutsch: Eichhörnchen.

Nicht nur die Espressomaschine ist professionell. Im Gegensatz zu vielen anderen in der Gastro-Branche ist Matthias Rapp kein Quereinsteiger, sondern Vollprofi. Er findet es grenzwertig, dass Menschen ohne Ahnung von Lebensmittelhygiene einen Betrieb eröffnen dürften, alleine, weil sie backen und kochen können. Haare schneiden könnten auch viele, doch um die Leistung beruflich anzubieten, brauche man eine Ausbildung. Umso wichtiger sei das, wenn man Lebensmittel verarbeite, von denen die Gesundheit abhänge. Das ist aber im Gegensatz zum Haareschneiden ohne Prüfung erlaubt.

Er selbst hat den Beruf des Kochs grundständig gelernt. Er hat seinen Meister an der Paul-Kerschensteiner-Schule, der Landesberufsschule für das Hotel- und Gaststättengewerbe in Bad Überkingen, absolviert. Damit war er in seiner Familie eine Ausnahme. »Alle ringsum sind Lehrer«, erklärt der Cafébetreiber. Er selbst aber hat immer bei der Oma am Herd gesessen und zugeschaut. In seiner Familie wurde großer Wert auf Essen gelegt. Gemeinsame Mahlzeiten waren seinen Eltern wichtig. Die Familie hat immer zusammen zu Abend gegessen. Und so schien ihm Essen zu kochen mindestens so reizvoll wie unterrichten.

Der Nachteil des Berufs: Wenn man angestellt ist, hat man meist Teildienste. Man arbeitet von 9 bis 14 Uhr, dann wieder am Abend. Er habe das anfangs mitgemacht, sagt Matthias Rapp. Fünfmal sei er zur Saison in die Schweiz gegangen. Aber die Familie bleibe auf der Strecke. Er lebe nicht, um zu arbeiten, sondern habe auch gerne Freizeit. Auch der Feierabend sei ihm wichtig. Und so habe er eine Möglichkeit gesucht, Menschen zu bewirten und doch nicht nur in der Küche zu leben. Elf Jahre lang habe er daher ein Frühstückscafé in der Schlossstra-

SCHWARZES RÖSSL
Kirchheimer Straße 83 • 73249 Wernau • schwarzesroessl.de • Tel. 07153/750 37 91

VANS

Matthias Rapps Tipp:

Als Ausflugstipp für Familien nennt Matthias Rapp das Freibad. Es befindet sich am Rande des Naturschutzgebiets am Neckar. Auf der Liegewiese gibt es große Bäume und das Becken ist 5 Meter lang.

ße in Stuttgart betrieben, habe es von einer Dame übernommen, die es abgeben wollte. Es war der Tipp eines Kollegen. Die Arbeitszeiten waren in Ordnung, der Laden überschaubar. Es habe ihn aber heimgetrieben nach Wernau. »Wernau hat nicht viel Schönes«, gibt Matthias Rapp zu. »Aber hier leben gute Leute.« Aus den umliegenden Dörfern seien viele seit der Schulzeit weggezogen. Wer aber einmal entschieden hat, in Wernau zu wohnen, bleibe da. Es gebe alles: Hallenbad, Freibad, S-Bahn.

Matthias Rapp wollte nicht, dass seine Kinder in der Großstadt aufwachsen, und ist zunächst mit der Familie nach Wernau gezogen und nach Stuttgart gependelt. Sein Gedanke aber war, dass sich mit einem Café in Wernau mehr aus dem Tag herausholen ließe. Und als er sah, dass das Lokal Schwarzes Rössle frei wird, hat er es übernommen. Der Korpus stand schon. Die Ehefrau des Kochs, eine Grafikerin, habe mit angepackt. Viele Stühle stammen aus dem Wernauer Gemeindesaal, der eine neue Bestuhlung bekommen hat, andere waren schon im Rössle, dann kamen noch Werkstatthocker aus der Schule dazu. Die Rapps mischten Neues mit Altem.

Aber auch wenn manche Deko-Ideen von seiner Frau stammen, trennt der Gastronom zwischen Arbeit und Freizeit. Wenn allerdings von den zwei Gerichten oder der Suppe, die er zum Mittagstisch anbietet, etwas übrig bleibt, nimmt er es mit nach Hause. Er bietet auf der Wochenkarte zum einen das an, worauf er selbst Lust hat, zum anderen, was sich gut verkauft. Die Lieblingsgerichte der Kunden, verrät er, sind Klassiker: Linsen mit Spätzle, Schnitzel mit Kartoffelsalat. Es gibt aber bei Weitem nicht nur Hausmannskost, sondern man kann auch etwa »Pasta mit Waldpilzen, Butter, Salbei und Parmesan« oder »Gebratenen Kalbstafelspitz mit Senfkruste, Bouillon-Gemüse und Schnittlauch« finden.

Der Koch sagt, er wisse meist schon vorher, welches der beiden Gerichte der Publikumsliebling werde. Es ist immer etwas Vegetarisches dabei. Die Speisen werden auch zum Mitnehmen angeboten. Die Gäste bekommen die Gerichte und Getränke in Pfandboxen, in Rebowls und Recups, die sie wiederbringen und für die sie ihr Pfand zurückerhalten können, oder aber in kompostierbaren Verpackungen aus Papier und Maisstärke.

Neben dem Tagesessen ist das Speiseeis ein Highlight des Schwarzen Rössls. Die Eistheke öffnet sich direkt zur Straße. Die originellen Pappbecher mit der Aufschrift »Lecko Mio« sind ein Designprodukt von Matthias Rapps Gattin. Er selbst hat eine Eisschulung besucht und bereitet das vorzügliche Eis ohne künstliche Aromen selbst zu.

Und was isst Matthias Rapp selbst? Er ernähre sich nicht besser als der Durchschnitt, auch wenn er darauf achte, dass Gemüse und Salat dabei seien, gesteht der Gastronom mit einem Lächeln. Ab und an schiebe er sich beim Aufräumen nebenher Reste in den Mund. Die Muße fehle ihm, um in seinem eigenen Lokal das Essen zu genießen. Im Kopf habe er immer, was noch getan werden müsse. Zeit zum Essen lasse er sich lieber daheim, mit der Familie.

Der Tresen ist vom ursprünglich hier befindlichen Hotel übernommen. Man kann hier direkt einen köstlichen Espresso trinken oder sich setzen. Einige der Sitzmöbel stammen aus dem Wernauer Gemeindesaal, andere aus der Schule.

Joghurteis

Frischer Genuss aus der Eismaschine nach dem Rezept von Matthias Rapp

Zutaten
220 ml Vollmilch
50 g Sahne
500 g Joghurt
130 g Zucker
30 g Traubenzucker
20 g Magermilchpulver
1 Spritzer Zitronensaft

Zubereitung
Die Zubereitung ist denkbar einfach. Die Zutaten wandern erst zum Verquirlen in den Mixer und danach in die Eismaschine.

LECKO MIO

Iris Schlichte

Die Verzauberung des Banalen

In einer alten Schreinerei in Linsenhofen, ganz nahe am Haltepunkt der Tälesbahn nach Neuffen, liegt das Atelier von Iris Schlichte. Es hat noch den alten Holzboden. In den ehemaligen Spinten der Handwerker lagert Iris Schlichte Rahmen, Fotografien und Kaffeetassen. In Kunstsammlern und Schränken befinden sich Abzüge. Das einstige Büro dient der ehemaligen Lehrerin und Lehrerausbilderin als Lagerraum. Dort stapeln sich in den Schränken säuberlich sortiert Reisefotos in Kartons, versehen mit leuchtenden rosa Etiketten. In dieses Atelier zog die Künstlerin 2004, nachdem ihr Mann bemängelt hatte, dass ihre Leidenschaft für die Fotografie die ganze Wohnung wie eine Krake einzunehmen drohe. Am Samstag drauf entdeckte sie in der Nürtinger Zeitung eine Anzeige, schaute die Werkstatt am gleichen Tag an und entschied, fortan dort kreativ zu sein. Bereut hat sie es nicht, wie sie auch noch keine andere Entscheidung ihres Lebens bereut hat.

Ihr Ehemann hat nicht nur den Anstoß gegeben, ein eigenes Atelier zu eröffnen, sondern er ist es auch, der, ehe er einen unbrauchbar gewordenen Gegenstand wegwirft, fragt: »Kann das weg, oder wird das noch Kunst?« Das ist eine berechtigte Frage, denn Iris Schlichte fasziniert das Banale, das Weggeworfene. Sie entdeckt die Schönheit der Runzel an einer schrumpeligen Paprika und bannt sie auf Fotopapier. Die Fettaugen auf den Resten von Soße in einer leer gegessenen Salatschüssel, die in der Makroaufnahme wie Bernsteine funkeln, erregen ihre Aufmerksamkeit ebenso wie zersprungenes Panzerglas nach dem Einbruch bei einem Juwelier in Stuttgart, Fetzen von blauen Müllsäcken oder Reste von Plakaten. Sie hat ein Auge für die Schönheit des Alltäglichen und den ästhetischen Wert des Wertlosen. Zum Motiv können Blattadern werden oder Nähgarnrollen. Daneben gibt es Aufnahmen anderer Art, etwa ein Bild, zusammengesetzt auf verschiedenen abfotografierten Bildern, die bei einer gestörten Fußballübertragung über den Bildschirm eines Hotels flimmerten, in dem Iris Schlichte Urlaub machte. Ihr gefiel das Farbenspiel, auch wenn sie wenig vom Fußballspiel mitbekam. Ein anderes Bild zeigt eine Collage aus den Endstücken von entwickelten Analogfilmen.

IRIS SCHLICHTE
Martin-Luther-Straße 5 • 72636 Frickenhausen-Linsenhofen
kunstfotografie-schlichte.de • Tel. 07022/47 00 45

Iris Schlichtes Tipp:

Natürlich schlägt Iris Schlichte die Blumengalerie Blattform in Nürtingen vor. Sie zeigt auch ihre Werke. Die Galerie befindet sich in der Steingrabenstraße 12/1.

Manchmal raten Ausstellungsbesucherinnen und Besucher der Fotografin, dass sie dazuschreiben solle, was zu sehen ist. Sie solle den Bildern Titel geben. Darauf verzichtet sie bewusst. Sie überlässt dies der Fantasie des Betrachters. »Die Rezeption der Bilder ist, wie bei Texten auch, individuell«, begründet das Iris Schlichte, die nicht Kunst, sondern Deutsch und Englisch studiert hat. Ab und an konfrontiert sie die Betrachterinnen und Betrachter doch mit dem Kontrast aus Ekel und Ästhetik. Einmal rettete sie ein zertretenes Weingummi auf dem Gehweg, in dem Steinchen kleben. Unter dem wunderschönen Foto stellte sie eine Stele auf, auf der sich in einem schwarzen Kästchen, würdevoll, wie ein Schmuckstück, die weggeworfene Süßigkeit befand.

Nach dem Abitur hatte Iris Schlichte privaten Kunstunterricht bei ihrem ehemaligen Kunstlehrer Reinhold Strohhäcker am Wirtemberg-Gymnasium in Stuttgart-Untertürkheim genommen. Sie bewunderte seine expressive und intuitive Art, zu malen. »Man musste danach immer lange den Farbkasten auswaschen, weil er wenig systematisch, sondern eher emotional die Farben mischte.«

Farben liebte schon ihr Vater, der Architekt war. Daheim habe es Stühle in verschiedenen, kräftigen Farben gegeben und Freundinnen, die zu Besuch kamen, waren immer verwundert von der Zusammenstellung.

Auch Iris Schlichtes Vater war schon leidenschaftlicher Hobbyfotograf und zog seine Töchter während ihrer Kindheit oft als Models heran. Zugang zur Fotografie als der für sie besten Ausdrucksmöglichkeit fand Iris Schlichte aber erst um das Jahr 2000, als sie zwar in ihrer Freizeit auch schon kreativ tätig war, aber hauptsächlich mit Ton arbeitete. Auf einer Ausstellung in Ulm sprachen sie die Werke einer Fotografin stark an. Sie überlegte, ob sie das nicht auch versuchen sollte. »Auf was warten Sie noch?«, war die Antwort der ausstellenden Fotografin. Iris Schlichtes Vater war stolz und freute sich, dass sie ihn mitgenommen hat zum Kauf ihrer ersten Kameraausrüstung.

Bis 2014 arbeitete sie gänzlich analog. Es geht ihr nicht darum, etwas Vorgefundenes zu verfremden. Das Verfremden geschieht durch ungewöhnliche Ausschnitte, durch die Vergrößerung, durch die Erhebung von Weggeworfenem zum Motiv. Schwarz-Weiß-Bilder gibt es nicht unter den Werken von Iris Schlichte. Ihr liegt an der Farbigkeit des Dargestellten. Ab und an verstärkt sie Farben bei der Bearbeitung leicht. Manchmal schneidet sie Formate zu. Aber ihre Bilder sind ansonsten unbearbeitet.

Wer Bilder von Iris Schlichte gerahmt und gehängt betrachten möchte, der sollte statt des Ateliers die Blumengalerie Blattform in Nürtingen besuchen. Das ist eine Mischung aus Laden, Galerie und Eventraum von Sybille Haussmann, einer freischaffenden Künstlerin und Floristikmeisterin, der Schmuckdesignerin Eszter Mayer und der Fotografin Iris Schlichte – die gerne dazustößt, wenn ein Interessent da ist. Hier finden auch Workshops statt. Iris Schlichte zeichnet für den Newsletter mit Veranstaltungskalender verantwortlich.

Durch die Makroaufnahme wird das Objekt zur Form. Die Bilder, bei denen man sofort versucht zu enträtseln, was zu sehen ist, gibt es teilweise auch auf Fotokarten. Die meisten sind bunt. Farbigkeit ist für Iris Schlichte ausschlaggebend.

Blumencafé VergissMeinNicht

Kaffee zwischen filigranen Blüten

Angelika Kindler liebt kleine Blumen, Wildblumen. Lilien sind ihr zu mächtig und Gerbera zu fantasielos. Sie liebt das kleine Vergissmeinnicht, das dem Café seinen Namen gibt. Sie mag filigrane Blüten, die erst bei näherer Betrachtung schön erscheinen. Sie sagt über sich: »Ich bin jemand, die gerne Blumen betrachtet.« Auch in der Floristik setzt sie Wildblumen ein. Manche sind zu empfindlich, Gänseblümchen und Kamille halten nicht lange genug. Löwenmäulchen lassen sich verwenden und auch Storchschnabel, Veronika und Disteln bleiben einige Zeit in der Vase frisch. Ganz besonders gerne mag die Florsitin den kleinen Wiesenknopf, auch als Pimpernelle bekannt.

Der Kleine Wiesenknopf wächst gerne auf trockenen Wiesen, an Wegrändern und Böschungen. Aber die von der Cafébetreiberin verwendeten Blumen kommen größtenteils vom Großmarkt. Das Pflücken ist nicht bezahlbar. Ab und an kämen Kunden mit Bildern von Wiesensträußen aus Pinterest, doch wenn sie einen solchen machen würde, wäre kein Kunde bereit, ihn zu bezahlen, dafür, dass er am nächsten Tag schon welkt.

Blumen, die bei der Floristin nicht mehr verkäuflich, aber noch sehr ansehnlich sind, werden zu Mustersträußen auf den Tischen. Manch einer der Cafégäste entdeckt einen Strauß und nimmt ihn frisch zusammen mit neuen Blumen gebunden mit nach Hause. Auf jedem der Tische stehen andere Gebinde. Blumen zu verkaufen, Trauer- und Hochzeitsfloristik, Sträuße für Firmenjubiläen, das ist das Kerngeschäft.

Das Café ist ein Wohlfühlort, ein Nebenprodukt, eine Einrichtung, bei der nicht der finanzielle Nutzen im Vordergrund steht, die der Inhaberin aber am Herzen liegt. Das alte Büfett hat sie hell gekalkt, mit einem Seilzugsystem sind Stoffbahnen an der Raumdecke angebracht, die das Licht sanft filtern und eine weiche Stimmung erzeugen. Viele der Stühle haben Wiener Geflecht und stammen von den Großeltern der Cafébesitzerin. Eine Freundin hat die

BLUMENCAFÉ VERGISSMEINNICHT
Bonländer Hauptstraße 94 • 70794 Filderstadt-Bonlanden
blumencafe-vergissmeinnicht.de • Tel. 0711/933 77 52

Stühle neu gepolstert. Die Vorhänge bestehen aus alten bestickten Bettlaken. Manche Gäste sagen: »Mr moint, mr isch dahoim« – und genau dieses Gefühl soll das Café auch vermitteln.

Die Törtchen werden frisch gebacken – nur drei oder vier Küchle pro Sorte, immer mit regionalen und frischen Obstsorten. Etwa von der Erdbeerplantage, den Johannisbeeren oder Stachelbeeren der Mitarbeiterin. Meist ist es Gartenobst der Kindlers, nämlich Kirschen, Birnen, Zwetschgen, Äpfel, die man als Zutat im Kuchen serviert bekommt. Der Anbau ist Sache von Angelika Kindlers Mann.

Angelika Kindler spricht mit ihren Gästen nicht laut, nicht jovial, nicht sich selbst darstellend. Sie ist eine fast schüchterne Frau, die leise Töne liebt und Oberflächlichkeit nicht mag. Sie war schon immer so. Sie erzählt, sie habe schon als Kind Blütenkränze geflochten und andere Kinder auf die Schönheit einzelner Blümchen hingewiesen, die dafür jedoch oft kein Auge gehabt hätten. Gebuddelt habe sie selten. Sie sei nicht wild gewesen. Ihr Café, das sie im Blumenladen betreibt, ist kein Szenetreff, sondern ein Ort für Mamis und Papis, die sich mal ausklinken. Es gibt Stammtische. Neue Freundschaften entstehen.

Freundschaften sind für Angelika Kindler wichtig. Ihren Wert hat sie vor allem während einer Krebserkrankung erkannt. Aufgeben kam für die Floristin nicht infrage, da sie, als sie die erschreckende Diagnose bekam, gerade einen neuen Laden eröffnen wollte. Ziele hätten ihr geholfen, am Leben zu bleiben. Während der Chemo sei sie, wann immer es ging, in den La-

Kleine Blüten dominieren die Schnittblumenauswahl und die Tischdekoration. Sie ist garantiert natürlich. Zusätzlich verleihen die Stoffbahnen an der Decke und das ältere, uneinheitliche und leichte Mobiliar dem Café Gemütlichkeit.

den gekommen, da sie es gebraucht habe, zu sehen, wie die Leute sich an den Blumen freuen. Manche Freundschaften seien weggefallen, andere haben sich intensiviert in dieser Zeit. Eine gute Atmosphäre, nette Menschen um sich, das sei wichtig für sie, sagt die Inhaberin. Immer wieder kämen Kunden, die sich über den herzlichen Umgangston zwischen den Mitarbeitenden freuen. »Man merkt einfach, dass ihr euch versteht«, sagt die Kundschaft. Meist sind sie nur zu zweit im Laden. Auch die Schwester hilft mit. Der Ehemann transportiert die Hochzeitsdeko, etwa den geschweißten Blumenbogen. »Füreinander einstehen, füreinander da sein«, das ist das Lebensmotto der sympathischen Betreiberin, die sich selbst nicht schont. Um vier Uhr steht sie auf, wenn sie auf den Großmarkt fährt. »Wenn es einem Spaß macht, macht man es wirklich gern«, erklärt Angelika Kindler.

Der Blumenladen, das ist das, was sie liebt. Sie ist in Nagold geboren, kam mit sechs Jahren nach Leinfelden-Echterdingen und hat auf Druck der Eltern zuerst eine Ausbildung im Büro gemacht. Ihre Welt war das nicht. »Ich wollte immer kreativ sein. Als meine Zwillinge klein waren, habe ich im Blumenladen gejobbt. Und dann habe ich Kurse besucht, alles auf dem zweiten Bildungsweg. Nach sieben Jahren habe ich doch noch die Floristik-Prüfung abgelegt.«

Im VergissMeinNicht wird nun auch selbst ausgebildet, sofern jemand den Beruf lernen wolle.

Angelika Kindlers Tipp:

Wer Wiesenblumen liebt, dem empfiehlt Angelika Kindler einen Spaziergang im Bombachtal, durch blühende Wiesen zum Teufelswiesenteich, einem künstlich angelegten Biotop für Frösche und Kröten, Molche und Libellen. Über dem Tal liegt der Uhlbergturm und bietet einen großartigen Blick in die Landschaft.

Quark-Törtchen

Mit einem Veilchen kommt der Frühling auf den Tisch

Zutaten für 4 Stück

Für den Boden
40 g Butter
40 g Zucker
50 g Nüsse oder Mandeln
2 EL gehackte oder geraspelte Schokolade
1 Ei
1 EL Mehl
½ TL Backpulver
1 EL Kakao

Für die Füllung und Deko
150 g Quark Magerstufe
100 g Joghurt Natur oder Fruchtjoghurt
50 g Zucker
4 Blatt Gelatine
Zitronensaft und Abrieb einer Biozitrone
250 g Sahne
Minze, Blüten und Frucht nach Wunsch zum Dekorieren

Außerdem
4 Dessert-Ringe

Zubereitung

Für den Boden alle Zutaten zu einem glatten Teig verrühren und diesen auf vier Dessert-Ringe verteilen. Bei 175 °C ca. 20 Minuten bei Ober- und Unterhitze backen. Auskühlen lassen, aus der Form entnehmen und ein- bis zweimal nach eigenem Ermessen durchschneiden.

Die Füllung wird so hergestellt: Quark, Joghurt, Zucker und Zitronenabrieb verrühren und Sahne steif schlagen. Gelatine in kaltem Wasser einweichen. Die steifgeschlagene Sahne zur restlichen Masse geben und vorsichtig unterheben. Die Gelatine im Zitronensaft auflösen und mit 2 bis 3 Esslöffeln Quark-Masse verrühren (Temperatur angleichen). Dann die Gelatine in die Masse geben und unterrühren.

Dessert-Ring um den unteren Boden stellen und dann schichtweise mit Masse und Boden auffüllen und natürlich nach Wunsch dekorieren.

Danach im Kühlschrank kaltstellen. Dort bleiben sie, bis sie serviert werden.

Anja Scafuro

Drehende Quereinsteigerin

Manchmal, sagt Anja Scafuro, höre sie auf Märkten solche Sätze zehnmal stündlich: »Wo bekommen Sie denn die Sachen her?« »Wer macht denn die Schalen für Sie?« Wenn Sie Gedrechseltes verkaufe, dann sei doch naheliegend, dass sie es auch herstelle, meint sie. Und im Internet habe sie in Foren schon andere drechselnde Frauen getroffen, aber auf den Märkten sei sie die Einzige. Vielleicht passt sie auch einfach nicht ins Klischee, das man von einem Holzwurm im Kopf hat: keine Cordhose, sondern anliegendes Kunstleder, keine wilden Locken, sondern hell gebleichte, an den Seiten vielleicht einen Zentimeter kurze, dafür auf dem Kopf längere, gestylte Haare, eine modische, schwarze Brille mit breiter, eckiger Fassung, Tattoos. Sie hat Freundinnen im anthroposophischen Bereich. Ihres sei das aber nicht.

Anja Scafuro glaubt an das Schicksal und daran, dass alles einen Sinn hat und alles seine Zeit. Und so war die Entscheidung, Drechslerin zu werden, auch eine, die sich aus den Umständen ergeben hat. Mit zwölf Jahren kam sie aus Görlitz in den Westen. Die Eltern hatten eine Wohnung, aber keine Werkstatt, und in ihrer Schule hatte sie keine Chance mehr auf Werkunterricht, den die Kinder im Osten alle in niedrigeren Klassen gehabt haben. Sie wusste nicht, dass ihr das Freude machen könnte. Und so machte sie eine Ausbildung zur Arzthelferin. Sie bereut das nicht. Auch wenn sie nicht den Traum hatte, den Beruf bis zur Rente auszuüben, so machte es ihr doch Freude, in der Gastroenterologie mit den Patientinnen und Patienten zu interagieren. Das glaubt man der strahlenden, aufgeschlossenen Frau sofort. Auch in der Gastronomie, in der sie ihrem Mann immer wieder aushalf, ging es ihr gut.

Klar, gewerkelt habe sie schon ganz gerne, aber ihre Schreinerkenntnisse hätten sich im Aufbauen von Ikea-Möbeln erschöpft. Dann aber kamen ihre drei Kinder zur Welt und es stellte sich heraus, dass der mittlere Autist ist, nicht mit jedem spricht, vor allem aber sehr stabile Strukturen braucht, die mit dem Arbeitsplan einer Arzthelferin nicht vereinbar sind.

Eines Sonntags ging sie mit ihrem Mann auf einen Kunsthandwerkermarkt und kaufte ein Herz aus Holz, das ihr sehr gefiel. Ihr Mann

ANJA SCAFURO
Teutonenstraße 12 • 70771 Leinfelden-Echterdingen • annie-woodware.com
Tel. 0171/960 80 00

KRASS

Anja Scafuros Tipp:

Der Samstagsmarkt in Echterdingen findet auf einem der schönsten Plätze Leinfelden-Echterdingens statt, auf dem Kirchplatz. An die Burg, die hier stand, erinnert nur noch ein Straßenname. Aus deren Steine wurde ab 1439 die Stephanuskirche erbaut.

sprach aus, was sie gerade dachte. Das passiere öfter: »Das kannst du doch auch selbst!« Und so fasste sie sich am kommenden Tag ein Herz, kaufte spontan einen Bandschleifer, fragte beim Schreiner nach Holzresten und legte los. Und weil sie eine Perfektionistin ist, belegte sie erst einmal einen Kurs, »damit mir das Zeug nicht um die Ohren fliegt«. Sie investierte in weitere Maschinen, drehte und schnitzte, schliff und sägte.

Erst dachte sie an den Hausgebrauch. »Aber ich bin ja gar keine Deko-Tante.« Also begann sie zu verkaufen und wurde vom Zuspruch ermutigt. Sie stellte im Stoffgeschäft ihre gedrechselten Garnschalen mit schneckenförmigen Ornamenten aus, die dafür sorgen, dass das Knäuel beim Stricken in der Schale bleibt, ging auf Kunsthandwerkermärkte und inzwischen auch auf den Wochenmarkt. Und weil immer mehr Kundinnen und Kunden fragen, ob sie mal in der Werkstatt vorbeikommen dürfen, hat sie in ihrem Keller einen Showroom eingerichtet. Sie versucht auch finanziell, auf eigenen Beinen zu stehen. Ihr Mann unterstütze sie sehr – und auch die ersten Maschinen wurden von dem bezahlt, was er im Gastrogewerbe verdiene, aber drei Kinder, zwei Hunde und zwei Schildkröten wollen ernährt werden. Das Durchstarten habe ihr dann aber Corona etwas vermiest.

Anja Scafuro träumt von einer richtigen handwerklichen Ausbildung im Holzbereich, nicht nur drechseln, auch schnitzen. Es gebe noch so viel zu lernen! Noch sei das nicht möglich wegen der Kinderbetreuung. Aber es wird die richtige Zeit dazu kommen, da ist Anja Scafuro sich sicher. Schon jetzt sind ihre Kunstfertigkeit und Kreativität beeindruckend. Für einen kroatischen Freund ihres Mannes, der religiös sei, hat sie Kruzifixe gefertigt, die Jesus abstrahiert am Kreuz zeigen. Schalen mit Rissen vernäht sie mit Lederbändern. Die asymmetrischen Salatbestecke begeistern durch ihre wilde Maserung. Mit dem Augenfräser zaubert Anja Scafuro lebendige, dunkle Muster auf die mit Leinöl behandelten Schalen, aus denen man ganz unbedenklich essen kann – und die auch für Babybrei absolut unbedenklich sind. Wenn man sie oft spült, werden sie rau. So sei Holz eben. Aber Chemikalien wolle sie nicht benutzen.

Anja Scafuro bearbeitet in erster Linie heimische Hölzer. Wenn jemand einen Walnussbaum oder eine Birne fällt, ist sie gleich zur Stelle, um das Holz abzuholen und es in der Garage zu lagern, bis es trocken genug ist. Sie hat einem ehemaligen Schreiner Rohlinge abgekauft: Ulme, Eibe, je wilder gemasert, desto besser.

Wenn sie spricht, merkt man, wie gut sie mit anderen Menschen in Kontakt kommt, wie aufgeschlossen sie ist, wie tolerant, wie gerne sie sich austauscht. Freunde probieren Schalen aus und Anja Scafuro freut sich am großen Bekanntenkreis ihres Mannes. Ihr erster Marktstand war eine Leihgabe eines Kumpels. Es scheint, dass das Schicksal, von dem die Drechslerin überzeugt ist, es gut mit ihr meint und sie nicht nur mit einem erfüllenden Beruf, sondern auch mit einem positiven Umfeld beschenkt.

Nicht nur auf dem Markt kann man gedrechselte Stücke erwerben.
Eine Auswahl an geölten Breischalen, Salatbestecken, Flaschenverschlüssen und Schüsseln für Wollknäuel gibt es auch im Verkaufsraum im Keller.

Verena Könekamp

Historisches auf modernen Geweben

Johann Georg Dettinger war Leinewebermeister. Er gründete 1852 eine Firma für Müllereibedarf, also Mehlsäcke und Sonstiges. Wichtiges Standbein wurde bald die Produktion von Mühlsteinen – ein Verschleißartikel, den jede Mühle brauchte. 1871 entstand die erste Produktions- und Arbeiterwohnstätte. Es folgten weitere Fabrikations-, Lager- und Bürogebäude. Mühlsteine wurden von Plochingen in alle Ecken Europas exportiert. Bis in die 50er-Jahre verkauften sich die Mühlsteine hervorragend.

Erst Ende der 1980er-Jahre hatten die Steine endgültig ausgedient und die Fabrik musste schließen. Das Gelände wurde unter Denkmalschutz gestellt und der Öffentlichkeit übergeben – als Kulturpark Dettinger mit Übungsräumen für Musiker, Vereinstreffpunkt, Boulebahn, Spielplatz, technischem Museum für Mühlsteinguss, Kursräumen und Auftrittsmöglichkeiten. Fünf Künstler sind feste Mieter, die auch auf dem Gelände einen gemeinsamen Galerieraum nutzen, um ihre Werke auszustellen und anzubieten. Eine von ihnen ist Verena Könekamp. Die Mutter von drei Söhnen ist zwar keine Leineweberin wie der ehemalige Fabrikbesitzer, aber auch sie begann ihren beruflichen Werdegang als Handweberin. Sie hatte eigentlich das Ziel, Werkstatterzieherin in einer Werkstatt für behinderte Menschen zu werden. »Während der Ausbildung fand ich dann aber das Gestalten so spannend, dass ich Textildesign studiert habe.« Sie hat dann sogar an der Fachhochschule in Reutlingen textile Gestaltung und Webtechnik mit computergesteuerten Webstühlen unterrichtet. Das Thema Behinderung ist in ihrem Leben präsent. Einer ihrer Söhne hat eine geistige Behinderung und Verena Könekamp engagiert sich als Aufsichtsratsvorsitzende bei der Lebenshilfe Esslingen.

In Verena Könekamps Atelier leuchten, vom teilweise verglasten Dach erhellt, Drucke in klaren, kräftigen Farben an den weißen Wänden. Das gibt dem Raum eine heitere Stimmung. Die Künstlerin druckt auf reine Wollstoffe, aber auch auf technische Gewebe aus Glas oder Metall, die auf langen Rollen an der Schmalseite des Raumes gelagert werden. Diese Materialien sind nicht brennbar und daher auch für die künstlerische Gestaltung öffentlicher Gebäude

VERENA KÖNEKAMP
Atelier: Dettinger Park • Esslinger Straße 56 • 73207 Plochingen
verena-koenekamp.de • Tel. 07153/726 12

oder Bürokomplexe geeignet. Und sie haben ihren eigenen Schimmer.

Neben Textilfarben verwendet Verena Könekamp auch Blattgold, gerade, wenn es um religiöse Themen geht. Der Glaube an eine Erlösung nach dem Tod hilft ihr, die Wände von Hospizen so zu gestalten, dass die Sinnhaftigkeit des Lebens und des Todes in ihren Bildern zum Ausdruck kommt. Diese Werke in ihren intensiven Farben, warmem Rot, Gelb und Gold, wirken edel, bedeutungsvoll und doch leicht. »Die Tiefe darf nicht fehlen, aber es muss eine Tiefe sein, die zum Leichteren hilft«, formuliert es Verena Könekamp.

Typisch für die Werke der Künstlerin ist der Kontrast zwischen den modernen Gewebe und kräftigen Farben und den historischen Dokumenten, die aufgedruckt wurden. Für das Ulmer Münster druckte Verena Könekamp die Unterschriftenlisten der Bürger Ulms, die lieber die Hinrichtung in Kauf nehmen als ihren reformierten Glauben verleugnen zu wollen, auf riesige, von der Decke hängende Segel. Für das Rathaus in Neuhausen auf den Fildern hat sie eine von König Barbarossa im Jahre 1153 unterzeichnete Urkunde auf Stoff übertragen. Im Atelier sieht man Drucke, die mit denselben Sieben hergestellt wurden, die die Gestalterin auch verwendet hat, um die Bürogebäude der Daimler Real Estate GmbH oder der Daimler AG in Berlin zu gestalten. Diese stehen am ehemaligen Verlauf der Mauer. Es sind Stadtpläne und Stadtansichten, die genau diesen Ort zu verschiedenen Zeiten zeigen. So bekommen die Mitarbeiterinnen und Mitarbeiter des Konzerns

Hocker mit dem Stuttgarter Rössle oder Bilder der Berliner Innenstadt zeigen, dass Verena Könekamp auch überregional gefragt ist. Ihre Werke fertigt sie fast immer für einen speziellen Ort an.

einen Bezug zur Geschichte des Ortes, an dem sie sich befinden. Historisches wird so in einen neuen Kontext gebracht, in der Gegenwart neu sichtbar, erscheint aus der Geschichte ins Heute transportiert.

Verena Könekamp entwirft ihre Kunstwerke am Computer. Am meisten Spaß macht ihr aber die direkte Umsetzung im Atelier. Während der Entwurfsphase ist sie oft zu Hause, ansonsten verbringt sie fast jeden Tag im Atelier. Dort steht hinter einem Vorhang die große blaue Belichtungsmaschine, mit der die beschichteten Siebe mit 1500 Watt eineinhalb Minuten belichtet werden. Dann können die Stellen, die kein Licht abbekommen haben, abgewaschen werden. Der Rest des Siebes ist undurchlässig geblieben. Mit einem Rakel, einem Schaber, drückt Verena Könekamp dann die selbst aus Bindemittel und Pigmenten angerührte Textilfarbe durch die Siebe auf den Stoff. Dabei muss jeder Handgriff sitzen. Einmal gedruckt, kann nichts mehr verändert werden. Verena Könekamp fertigt nur Unikate, manchmal ein Motiv in verschiedenen Farben oder Kleinserien. Dann wird das Sieb wieder gewaschen und neu verwendet.

Verena Könekamps Tipp:

Einer der Lieblingsorte der Künstlerin ist der Bannwald, der sich im obersten Teil des Lützelbachtals im Schurwald befindet. Spaziergang vom Stumpenhof aus. Der Bannwald wird nicht forstwirtschaftlich genutzt. Es ist ein sich selbst überlassenes Stück Natur, ein Kraftort für die Künstlerin.

Siebe in verschiedenen Größen stehen für ihren nächsten Einsatz neben der Wanne bereit.

Auch wer nicht gleich einen ganzen Firmensitz gestalten lassen möchte, kann bei Verena Könekamp praktische Kunstwerke erwerben. Gepolsterte und mit Wollstoff bezogene Sitzwürfel mit dem Stuttgarter Rössle und dem Fernsehturm gibt es in verschiedenen Farbkombinationen. Oder man stellt sein Kunstwerk selbst her: Verena Könekamp gibt Kurse, bei denen Teilnehmerinnen und Teilnehmer die Techniken des Siebdrucks auf Textil erlernen können. Sie zitiert Joseph Beuys: »Jeder Mensch ist ein Künstler.«

BuchCafé Aroma

Paradies für Kaffee- und Buchliebhaber

Ralf Bauers Gäste sollen sich wohlfühlen – das tun sie drinnen und auch draußen zwischen den beiden Gebäuden in der Flachsstraße, auf die sich das BuchCafé Aroma ausbreitet. Selbst im Winter wird draußen serviert. Und wer mag, bekommt eine Wärmflasche und Decken. Ansonsten stehen den Gästen insgesamt drei Räume in den kleinen Altstadthäusern zur Verfügung. Wer es ruhig mag, der verkrümelt sich in den ersten Stock über der Bücherstube. Hier liegen Teppiche, man sitzt zwischen freigelegtem Fachwerk auf antiken Barhockern oder Designstühlen an Tischen des Lebens- und Holzkünstlers Herbert Mutschler aus Rottenburg. Oder man kuschelt sich in eine Sofalandschaft. Moderne trifft auf altes Holz. Ein »schönes Durcheinander« nennt Ralf Bauer augenzwinkernd den Einrichtungsstil.

Die Buchkunden können auch an den zwei Tischchen im Erdgeschoss zwischen Bücherregalen Platz nehmen. Wer es trubeliger mag, geht in das zweite Gebäude mit der Kuchentheke und den Regalen mit Feinkost und Kaffee. Allein schon von der Raumaufteilung her ist das Café für verschiedene Zielgruppen konzipiert, Teenies kommen, Senioren kommen, und viele kommen jeden Tag.

Ein Café wie das von Ralf Bauer braucht Stammkundschaft. Es passt nicht in eine Hauptstraße. Man kennt sich, fühlt sich wie in einem öffentlichen Wohnzimmer. Ralf Bauer und sein Team sind grandiose Gastgeber. Der Inhaber kennt die Namen der meisten Kundinnen und Kunden. Er begrüßt sie mit Vornamen. Oft macht er sich Notizen, etwa um sich zu merken, wer wo gearbeitet hat, wer welche Interessen hat, um ein persönliches Verhältnis zu den Menschen aufzubauen, die aus- und eingehen. In der Regel wird geduzt. Das schaffe Atmosphäre und Verbindlichkeit. Das Du helfe, dass etwas von der Distanz falle. Ralf Bauer achte beim ersten Mal darauf, ob es Gäste irritiere, wenn er duze, aber die meisten reagierten positiv.

Man sieht Ralf Bauer die Offenheit Menschen gegenüber an. Er sagt, dass es ihm bei aller Nähe und dem Versuch, ansprechbar zu sein, aber auch gelinge, aus Situationen herauszugehen, wenn jemand mit Problemen komme. Er achte darauf »nicht aufgefressen« zu werden. In der Regel finden die Gäste untereinander jemanden zum Reden.

BUCHCAFÉ AROMA
Flachsstraße 8 • 73230 Kirchheim unter Teck • Tel. 07021/482 99 91

Viele Gäste kennt der Inhaber schon von früher. Er wurde in Dettingen geboren, ging aber aufs Schlossgymnasium in Kirchheim. Er war im Sportverein. Hier hat er seine Ausbildung zum Buchhändler begonnen und sich schnell mit seiner damaligen Lebensgefährtin mit einer Bücherstube selbstständig gemacht. In Kirchheim sind seine drei Töchter groß geworden. Als sie klein waren, bot er Spielwaren an. Heute sind die Töchter erwachsen. Coralie, die älteste, ist Geschäftsführerin, Lilli, die jüngste, ist für die Küchenorganisation und den Instagram-Account zuständig. Auch die mittlere, Marilu, ist indirekt im Laden präsent. Sie ist nach Frankreich ausgewandert, in der Landwirtschaft tätig und liefert mehrmals im Jahr eigenes Olivenöl, Olivenpasten, getrocknete Aprikosen, Aprikosensaft und Aprikosenmarmeladen, die im Laden angeboten werden. Die feinen Dinge verkaufen sich gut.

Ralf Bauer hat es nie weggezogen. Er habe »null Reisefieber«. Als Coralie ihm mal vier Wochen Urlaub verordnet habe, da habe er endlich mal wieder seine Wohnung und den Balkon für sich zurückerobert. Er wohnt ganz in der Nähe, ist aber dennoch mehr im BuchCafé als daheim. Und den Laden für mehrere Wochen loszulassen, das sei für ihn aufwendiger, als dazubleiben. Ralf Bauer liebt Kirchheim. Es sei heil geblieben. Es gebe viel weniger Leerstände in der Innenstadt als in manch anderen Städten. Der Einzelhandel habe hier bisher überlebt. Die Menschen würden in die Stadt kommen, weil sie eben so schön sei. Und dann stellen sie sich an, um den besten Kaffee der Stadt zu genießen.

Zum Schmökern eignet sich der etwas weniger besuchte Raum über der Bücherstube, denn im zweiten Haus des BuchCafés, in dem auch Kaffee für daheim – gemahlen oder als Bohne – verkauft wird, geht es geselliger zu.

Das Wetter sei egal. Samstags sei er ausgebucht. Die Gasse stehe voller Menschen. Wer keinen Platz findet, trinkt den Kaffee auf der Straße. Manche kommen schon lang vor der Öffnung des Cafés, aber wenn er schon da sei, dann schenke er auch aus, sagt der Buchhändler.

Der Kaffee, der Kuchen, das Frühstück – das sei zu Beginn als Zusatzangebot gedacht gewesen für die Leute, die Bücher kaufen möchten. Die Buchhändler hätten eben den Raum gehabt und es habe in ganz Kirchheim keinen hochwertigen Kaffee gegeben; in Reutlingen und Tübingen aber schon. Und so habe er im »Arabica« in Reutlingen Kontakt zu deren Röster aufgenommen, zu Florian Kühnberger, einem Einzelunternehmer, der unter dem Markennamen »Brennpunkt« seine Kreationen vermarktet – und dessen Kaffee auch im BuchCafé Aroma ausgeschenkt und zum Verkauf angeboten wird. »Der Kundenansturm ging durch die Decke«, freut sich Ralf Bauer. Man kann auch kleine Mengen der Kaffees erwerben. »Das ist doch besser, als wenn der Kaffee bei den Leuten eine Woche lang in der Tupperschüssel duftet«, findet Ralf Bauer. Inzwischen seien die Bücher schon fast ein Nischenprodukt in seinem Laden. Er kann zwar alle Titel bestellen, aber nicht alle Titel führen. Und so gibt es ausgewählte, schön gestaltete Bücher, besonders auch für Kinder, ansprechend präsentiert. Spielwaren findet man keine mehr. »Als ich Kinder hatte, hatte ich dazu einen Bezug, zu den Holzspielsachen, aber als ich es das letzte Mal versucht hatte, dachte ich, nein, das bin ich nicht mehr.« Was ist er jetzt? »Gastgeber! In erster Linie sehe ich mich als guten Gastgeber mit einer Leidenschaft für guten Kaffee.«

Ralf Bauers Tipp:

Kirchheim ist generell sehenswert, besonders um die alte Bastion. Ein Ort, der aber von Besuchern nicht immer entdeckt werde, ist der alte Friedhof, direkt an der Lindach bei der Stadtmauer. Das sei ein sehr schöner Ort, empfiehlt Ralf Bauer.

Apfelflorentiner

Gebacken von »Kraut und Rüben« in Notzingen

Zutaten

Für den Mürbeteig
100 g Zucker
200 g Butter
300 g Mehl
1 Ei

Für die Füllung
1,2 kg Äpfel (Boskop)
600 g Sahne
4 Eier
60 g Puddingpulver
25 g Vanillezucker

Für die Florentinermasse
200 g Mandelblättchen
150 g Butter
12 EL Sahne
130 g Zucker

Außerdem
Springform
(30 cm Durchmesser)
Butter für die Form

Zubereitung

Die Äpfel werden in kleine Würfel geschnitten, deren Kantenlänge etwa 1 cm beträgt.

Nun wird zuerst der Mürbeteig aus den angegebenen Zutaten geknetet und in der gefetteten Springform verteilt. Der Mürbeteig muss innen an den Rändern hochgezogen werden. Danach werden die Apfelwürfelchen auf dem mürben Boden verteilt. Die Sahne wird mit den Eiern, dem Puddingpulver und dem Vanillezucker verrührt und über die Äpfel gegossen.

Bei 200 °C etwa 50 Minuten lang sollte nun das Ganze auf der untersten Schiene backen, wobei die Masse gestockt sein muss. Mit einem Stäbchen lässt sich das prüfen. Ist die Masse noch flüssig, muss der Kuchen noch ein paar Minuten in den Ofen.

Während des Backens kann man schon alle Zutaten der Florentinermasse kurz aufkochen und sobald der Kuchen aus dem Ofen kommt, wird sie auf dem Apfelkuchen verteilt. Der kommt erneut für ca. 15 bis 20 Minuten in den Ofen. Die Mandelmasse muss eine goldgelbe Farbe bekommen.

Christoph von Haussen

Albtraum wörtlich genommen

Häringen liegt ganz nahe am Ende der Welt, am Ende einer Straße. Hinter Häringen geht es bestenfalls zu Fuß weiter. Es gibt eine Besenwirtschaft, die eigenen Most ausschenkt, ein Restaurant, einen Biergarten und einen Wanderparkplatz. Und den »Albtraum«, das Fotoatelier von Christoph von Haussen. Ein Milan-Paar lebt bei Häringen. In den Wäldern wächst jede Menge Bärlauch. »Mit einem Griff ein Pesto«, schwärmt der Fotograf, der täglich zwei bis drei Stunden draußen unterwegs ist.

Viele seiner Motive findet das Mitglied des Verbandes Bildender Künstler in Baden-Württemberg und des Bundes freischaffender Fotografen genau hier in Häringen – hinterm Ort, hinterm Haus. Hier liegt er mit dem Teleobjektiv im hohen Gras, stellt auf entfernt liegende Halme scharf und lässt aus Rispen und Blättern Urwaldlandschaften werden. »Der Betrachter soll das Gefühl haben, ganz nah dran zu sein.«

Sehr oft fährt der studierte Kommunikationsdesigner hoch auf die Albhochfläche. Eine Bedingung: Es muss Gewitterstimmung herrschen, Schnee liegen oder neblig sein. Die Hintergründe müssen sich auflösen, verschwimmen. Seine Motive sind nicht nur Bauernhöfe oder Bäche. Die Alb kann auch exotisch sein. Er hängt das Bild mit einem Tier mit bedrohlich langen Hörnern ab und zeigt es aus der Nähe. An einem einzigen Tag machte er in derselben Nebelstimmung Fotos von einem Büffel und einem Watussi auf der Weide, Bilder, die stimmungsvoll und exotisch daherkommen. In seinem Atelier hängen auch künstlerische Fotografien der unfertigen Bahn-Neubaustrecke zwischen Wiesensteig und Mühlhausen im Täle. Sie zeigen einzelne, schon betonierte Pfeiler der zukünftigen Filstalbrücke, aus denen der Armierungsstahl ragt. Sie wirken – fotografisch losgelöst aus ihrem baulichen Kontext – wie surreale Türme aus einem Science-Fiction-Film.

Eine winterliche Luftaufnahme einer weiteren, räumlich entfernteren Baustelle wirkt dagegen ganz bodenständig: der Berliner Flughafen, dessen Strukturen sich von der weißen Fläche abheben. Diese Aufnahme ist aus einem Rettungshubschrauber entstanden. Christoph von Haussen hat jahrelang für die Luftrettung fotografiert, Wasserrettungen, Lawinenunglücke, keine Sensationsfotografie, sondern Aufnahmen, die die Technik und Professionalität

CHRISTOPH VON HAUSSEN

Häringen 5/2 • 73235 Weilheim an der Teck • picture-outside.de • Tel. 07023/90 87 66

C. von Haussens Tipp:

Ausflüglern empfiehlt von Haussen, auf den Bossler zu wandern. Eine Dreiviertelstunde braucht man von Häringen. Die Aussicht ist toll und das Milleniumsdenkmal von Uli Gsell, mit Worten, die das 20. Jahrhundert beschreiben, lohnen den Aufstieg.

der Retter in den Mittelpunkt stellen. Er war viel in der Luft unterwegs.

Geflogen ist er beruflich auch nach Indien, hat dort für eine Organisation, die Patenschaften vermittelt, Kinderheime fotografiert, Bollywood, eine Leprastation. Auch in Deutschland lag sein Schwerpunkt auf Krankenhäusern. Teilweise stand er mit der Kamera im OP, um Fotos für Broschüren anzufertigen.

Auch wenn von Haussen Preisträger des 15. Schömberger Fotoherbstes 2019 ist und mit weiteren renommierten Auszeichnungen bedacht wurde: Das Fotografieren ist nicht von Haussens Erstberuf. Christoph von Haussen ist auf dem Land aufgewachsen – mit schlechter Busverbindung, aber viel Freiheit, wie er erzählt. Mit 16 Jahren hat er erst einmal eine Ausbildung zum Fernmeldetechniker gemacht. Was er mit seinem Leben beruflich anstellen wollte, wusste er nicht. In der Freizeit wollte er in erster Linie unterwegs sein – mit dem Moped im Schwäbischen Wald. Er hat das Abi nachgemacht und ein Studium der Elektrotechnik begonnen. »Ich fand das gähnend langweilig, ätzend und überhaupt!«, sagt von Haussen heute. »Ich ging zur Bundeswehr, hab rumgejobbt, ohne Ziel.«

Seine Berufung fand er erst an der Adolf-Lazi-Schule in Stuttgart, die heute »Akademie für visuelle Kommunikation« heißt. Dort hat er Fotografieren gelernt und danach an der Hochschule in Darmstadt weitergemacht. »Das war vom Lebensgefühl her total klasse. Da waren so viele Leute, die einen beflügelt haben.« Endlich wusste er, was er wollte: unterwegs sein mit der Kamera!

Von Haussens Traumberuf war der Bildjournalismus: Stern, Spiegel – aber das Warten auf Aufträge nervte. Und auf der Werbeschiene habe es »gut Geld gegeben; viele Aufträge, viele Lampen, viel Geschleppe, viel Industriefotografie«. Er sagt: »Ich bewundere Leute, die gute Straßenfotografie machen. Aber ich wäre zu scheu, noch näher ranzugehen. Ich schau mir so Sachen gerne an, aber ich bevorzuge das überlegte, ruhige Sich-Annähern. Ich mag die zweite Chance und die dritte Chance. Manchmal fahre ich noch mal hin zu meinen Motiven, weil das Wetter nicht gepasst hat oder weil ich zu Hause merke, ich sollte doch noch ein paar Meter weiter links stehen. Es muss am Ende so aussehen, wie ich es im Kopf hatte.«

Privat ist Christoph von Haussen mit dem Kleinbus unterwegs. Vor dem Atelier in einer einstigen Doppelgarage steht ein Bulli mit California-Ausbau. »Ich arbeite in dem Haus mit dem roten Bus«, hatte der Fotograf sein Haus vor meinem Besuch beschrieben. In Häringen reicht das als Ortsangabe.

Heute schleppt er nicht mehr großes Gerät durch die Gegend. Ein Akku-Scheinwerfer reicht – und eine einzige Kamera mit Zoom-Objektiv. Mit seiner Frau hat er Schweden, Norwegen, Frankreich – und dort besonders oft die Bretagne und Normandie –, das Baltikum, Schottland und Albanien bereist. Immer wieder entstehen, teils durch Zufall, faszinierende Bilder von verlassenen Häusern, skurrilen, verfallenden Tankstellen, von anderen Enden der Welt, emotionale, überraschende Bilder von Orten jenseits von Häringen, jenseits der Alb.

In der Galerie in Christoph von Haussens Wohnhaus sind Werke aus verschiedenen Projekten ausgestellt, die die Bandbreite seines Schaffens zeigen. Viele davon sind auf der Schwäbischen Alb entstanden. Manche gibt es auch in Klein.

CAFE B21
ATRIO LEONBERG

Café B21

In Etlingen ist die Welt bunt

Manche Gäste rätseln über den Namen. Hat B21 etwas zu tun mit Stuttgart 21, mit Trisomie 21, darf man nur bis zum 21. Lebensjahr kommen? Alles falsch. B21 steht für Bismarckstraße und Hausnummer.

Beim Betreten wundert man sich: Keine Tischdeko? Im B21 würde sie nur stören. Immer wieder haben die Mitarbeiterinnen und Mitarbeiter versucht, welche aufzustellen, doch immer werde sie weggeräumt, weil der Tisch für Brettspiele, Handarbeiten, Papier oder anderen Zeitvertreib gebraucht werde. Dafür sind die Wände dekoriert. Sie sind in Blau, Rot und Grün gestrichen. Bilder aus dem Kreativwerk in Höfingen sind ausgestellt und können bei Gefallen erworben werden. Darunter sind auch bunte Werke von Kunstschaffenden wie Petra Griesert und Alexandra Flad, die schon mehrere Ausstellungen hatten und sich einen Namen gemacht haben. Die Atmosphäre ist heiter und farbig. Es gibt auch einen Außenbereich, dort wird im Sommer serviert und sogar ab und an gegrillt.

Das Café ist für die Bewohner der Wohngemeinschaften im Haus eine Art Wohnzimmer. Es ist aber, und das ist das Entscheidende, ein öffentliches Wohnzimmer, das jeder betreten darf. Und die Stammgäste sind froh über jeden, der seine Scheu überwindet und mitspielt, mitliest, mitredet. Das B21 macht Begegnungen möglich. Die Menschen mit Behinderung wollen sich nicht abschotten. Jeder und jede ist willkommen – auf eine Waffel, auf ein Glas Wasser, auf einen Kaffee. Verzehrzwang gibt es keinen, auch wenn sich die Mitarbeitenden freuen, Bestellungen entgegennehmen zu dürfen. Momentan arbeiten Julian Gomolka, Nicole Lauser, Ayfer Eyikat und Nadya Schuster unter Anleitung von Miriam Sickenberger, die als Pädagogin weiterbildet und organisiert, regelmäßig im Café. Das Team ist jung. Zwischen 25 und 37 Jahre alt sind die Cafémitarbeiterinnen und -mitarbeiter.

Im B21 finden regelmäßig Veranstaltungen statt. »Wer kann, der darf« ist eine Open-Stage-Veranstaltung, bei der jeder sein Talent zur Schau stellen darf. Es gibt Lesungen, Handarbeitstreffs, Filmvorführungen, Schachnachmittage, Spieltreffs und Sport. Betreiber des Cafés ist ATRIO. Das steht für »Arbeit, Teilhabe, Region, Inklusion, Organisation«. Die Familien-

CAFÉ B21

Bismarckstraße 21 • 71229 Leonberg-Eltingen • cafe-b21.de • Tel. 07152/926 16150

tagesstätte und die evangelische Erwachsenenbildung bieten Veranstaltungen an, die für Menschen mit und ohne Behinderung gedacht sind. Der Landkreis Böblingen mietet den Raum für Mutter-Kind-Veranstaltungen. Und manche Teilnehmerinnen und Teilnehmer kommen später einfach so wieder. Die Lehrenden der Mörikeschule sind Stammgäste. Es gibt Damen, die kommen zum Stricken oder zum Kartenspielen. Laufkundschaft ist selten. Das Café wurde von 2016 bis 2017 vom Land im Programm »Impulse Inklusion« gefördert – doch die Mitarbeitenden sind sich einig, dass das Café noch mehr Gäste von außen vertragen könnte.

Sie alle lieben ihren Job. Nadya Schuster schätzt vor allen Dingen, dass es »keine Nervensägen« im Café gibt. Die Stimmung sei gut. Der Umgangston unter den Mitarbeitenden immer respektvoll. Sie ist fest angestellt im Café, hat einen betriebsintegrierten Arbeitsplatz.

Ayfer Eyikat hat schon ehrenamtlich im Café gearbeitet, ehe sie dort offiziell dabei war. Sie bedient gerne die Kaffeemaschine und macht die Kasse. Betrogen wurde sie noch nie. Sie schwärmt von der Ehrlichkeit der Gäste und ihrem Vertrauen. Manche, die selbst mit den Zahlen nicht vertraut sind, bitten die Mitarbeiterin, sich das Geld aus ihren Geldbeuteln zu nehmen. Ayfer Eyikat tut das gewissenhaft. Arbeiten kann die fröhliche, kleine Frau aus gesundheitlichen Gründen nur vormittags am Samstag.

Julian Gomolka wohnt bei seiner Mutter. Er arbeitet nur Teilzeit im Café und ist ansonsten

Die Werke von Petra Griesert sind meist auffallend farbig und fantasievoll.
Auch die Souvenirs von ATRIO für den Kaffee daheim sind mit Werken von Menschen mit Behinderung verziert. Da bedarf es keines Schnickschnacks mehr auf den Tischen.

bei einer Werkstatt für behinderte Menschen beschäftigt. Seine Begeisterung gilt dem Bedienen. Er kümmert sich um die Gäste, nimmt Bestellungen auf, denen, die nicht lesen können, erklärt er geduldig das Angebot.

Nicole Lauser, die ihre Haare geflochten trägt, kauft am liebsten ein. Sie kann nicht lesen und nimmt den Einkaufszettel mit Bildern mit in den Laden. Man kennt sie dort. Sie holt den Kuchen vom Bäcker und die Zutaten für die vor Ort im Café zubereiteten Waffeln. Einen Lieferwagen braucht das Café nicht. Nicole Lauser hat keinen Führerschein. Sie packt alles in den Handwagen des Cafés.

Das leckere Apfelmus zu den nicht minder schmackhaften Waffeln wird von den Mitarbeiterinnen und Mitarbeitern aber nicht eingekauft. Es wird unter Anleitung einer ehrenamtlichen Helferin produziert. Alle Mitarbeitenden haben ihre Lieblingsbeschäftigung, aber keiner lehnt es ab, mal eine ungewohnte Aufgabe zu übernehmen. Alle sind engagiert dabei, strahlen Leidenschaft und Begeisterung aus.

Schwellenangst ist im B21 unbegründet. Inklusion bedeutet, dass jeder Mensch ganz natürlich dazugehört. Egal wie er aussieht, ob er lesen kann oder einen Rollstuhl benötigt. Jeder kann kommen, mitmachen, mitessen, sich unterhalten und unterhalten lassen. Dieses Konzept wird im B21 gelebt. Und die Begeisterung steckt an, wenn man das Café betritt.

Nicole Lausers Tipp:

Nicole Lauser fällt sofort der Katharina-Kepler-Brunnen in Eltingens schönster Ecke an der Carl-Schmincke-Straße ein. Katharina Kepler stellte Arzneien her und engagierte sich in der Krankenpflege.

Belgische Waffel mit Apfelmus

Der Bestseller im B21

Zutaten

Für die Waffel

1 ½ EL Zucker
1 TL Vanillezucker
4 EL Mehl
1 Messerspitze Backpulver
1 Ei
1 Espressotasse Milch
1 EL Speiseöl (z. B. Rapsöl)

Für das Apfelmus

1–2 Äpfel
1 TL Zucker
Zimtstange

Außerdem

Waffeleisen für belgische Waffeln (rechteckige Backfläche)
Fett/Butter für die Form
Passiermühle

Zubereitung Waffel

Alles gut miteinander vermischen. Die Menge reicht genau für eine Belgische Waffel. Man kann die Zutatenmenge je nach gewünschter Anzahl an Waffeln vergrößern. Das Waffeleisen fetten und heiß werden lassen. Nun den Teig im eingefetteten Waffeleisen ausbacken, bis die Waffel goldbraun ist.

Zubereitung Apfelmus

1 bis 2 Äpfel waschen, schälen, vierteln und das Kerngehäuse entfernen. Äpfel klein schneiden und mit etwas Zucker und Zimtstange ca. 10 Minuten dünsten. Danach mit einer Passiermühle passieren.

Tipp: Größere Mengen an Apfelmus kochen und portionsweise einfrieren!

Margarete Grandjot

Stickerei im Kuhstall

Liebe zum Detail, eine Prise Verrücktheit, Freude am Schönen und ungeahnten Fleiß muss jemand besitzen, der auf die Idee kommt, in Kuppingen, einem Teilort von Herrenberg, aus einem Kuhstall und einer Kneipe ein Reiseziel für Stickfans zu machen!

Einst fraßen und tranken im Kuhstall an der Ortsdurchgangsstraße die Milchkühe aus dem noch erhaltenen Sandsteintrog in ihrem in den Felsen gebauten Stall. Daneben schlürften die Einheimischen nach getaner Arbeit ihr Feierabendbier in der »Krone«. Das Haus brannte zum Kriegsende 1945 ab. Ein Teil der Bausubstanz blieb erhalten. Es wurde wiederaufgebaut, bekam im ersten Stock Terrazzoböden und diente weiter als Kneipe. Als die Zeit der Feierabendbauern und Feierabendkneipen zu Ende ging, stand das Haus fünf bis sechs Jahre zum Verkauf.

Margarete Grandjot schenkte dem Schild mit dem Immobilienangebot lange keine Beachtung. Und plötzlich war sie da: die Idee eines Hotels für Stickerinnen und ein Atelier für Kurse. Sie und ihr Mann wogen ab. Die Besitzer wollten keinen Abriss, waren aber bereit, das Haus für den Bodenpreis minus Abrisskosten zu veräußern, denn das Haus stand nicht unter Denkmalschutz. Einen Architekten zu finden, der lieber renoviert als entsorgt, war schwierig, aber es gab ihn. »Das war ein Glück! Ein Mann wie Michelangelo: Der sieht einen Steinblock und weiß, was daraus werden kann. Und unser Architekt sah das Atelier im Kuhstall. Das war bei Weitem nicht so weiß wie jetzt. Da waren die Güllespritzer an den Wänden. Aber er hat gezeichnet und wusste, das wird's«, schwärmt Margarete Grandjot.

In der Mitte des Stickateliers steht der Viehtrog aus Sandstein, der zeigt, wer hier wohnte, ehe die Stickerinnen einzogen. Über dem einstigen Kuhstall liegen die Gästezimmer, teils einfach und mit Blick auf die mit Farn und Moosen bewachsene Mauer zum Garten: »Aber die Kursteilnehmerinnen sind ja sowieso meist im Frühstücksraum oder im Atelier. Und den Geschäftsreisenden ist es gleich. Die wundern sich erst über die Wand und schwärmen am nächsten Tag von der Ruhe.« Manchmal kommen andere Gruppen. Es gibt Strickseminare und Perlenseminare anderer Kursleiterinnen – alles mit Nadel und Faden, Hand und Fuß. Jeder Raum ist

MARGARETE GRANDJOT

Jettinger Straße 42 • 71083 Herrenberg-Kuppingen • stickatelier.de • Tel. 07032/334 03

M. Grandjots Tipp:

Besuchern empfiehlt Margarete Grandjot den Herrenberger Jerg-Ratgeb-Skulpturenpfad. Die Lieblingsstation der Künstlerin ist die Skulptur »Lichtzeichen« an der Stadtmauer, die Linde Wallner geschaffen hat.

anders gestaltet: Engelzimmer, Afrikazimmer, Herzzimmer, jeder Schlafraum ausgestattet mit Werken der Besitzerin. Die Zimmernummern sind geklöppelt. Ob sie denn keine Sorge gehabt habe, ob sie es schaffen würde, ohne Erfahrung in diesem Bereich eine Pension zu führen? »Am Anfang hab ich für manches etwas länger gebraucht, aber wissen Sie: Ein gesunder Menschenverstand hilft.« Die Quereinsteigerin, die früher Krankenschwester war, lacht selbstbewusst.

Margarete Grandjot unterhält einen Stickstammtisch im Frühstücksraum, bietet Wochenkurse und Wochenendkurse für Auswärtige. Samstags kommen die Einheimischen zum Sticksamstag. Der beginnt um 9 Uhr und endet gegen 17 Uhr. Es kommen zwischen zehn und 14 Frauen. Viele sind immer da. Einmal reiste eine ganze Gruppe Japanerinnen mit einer Dolmetscherin an. »Das war spannend! Die Dolmetscherin war aus der Automobilindustrie und nicht so geübt im Wortschatz, den man für Schwälmer Stickerei braucht«, schmunzelt die Atelierbesitzerin, die das Stickprogramm noch durch eine Brotbackvorführung der Nachbarin in einem traditionellen Backhäusle ergänzte.

Man kann nicht nur vor Ort in Kuppingen lernen. Die Pension ist so organisiert, dass Margarete Grandjot auch mehrere Tage weg sein kann. Dann ist sie unterwegs, um Sticken in Österreich zu unterrichten, und ist auch schon nach Island geflogen, um dort die Sticktradition ihrer Heimat weiterzugeben. Ist sie daheim, schnürt sie Stickpackungen, die besonders Anfängerinnen lieben, und die darin genau das finden, was man für ein Lavendelsäckchen etwa braucht, inklusive der Nadel, des Fadens und des Stoffs. Die Fachfrau für Stickerei ist viel energischer und quirliger, als man das erwarten dürfte, wenn man die akribisch in winzigen Stichen hergestellten Werke sieht. »Das ist mein Meisterstück. Diese Decke ist sicher einmal um die ganze Welt geflogen, ehe sie fertig war.« Margarete Grandjot zeigt eine große Decke aus Leinen in Schwälmer Stickerei, für die aus dem Gewebe Fäden geschnitten und dann durch Stickerei wieder aufgefüllt wurden. Sie beherrscht aber nicht nur Schwälmer Stickerei. Kreuzstiche und Gobelins sind ihr zu langweilig: »Immer derselbe Stich. Nur die Farbe ändert sich.« Aus demselben Grund setzt sie auch nicht allzu gerne Bilder in Nadelmalerei um. Lieber sind ihr Mustertücher mit verschiedenen Techniken. Sie klöppelt auch, probiert Neues aus und besitzt vermutlich eine der größten Bücherwände mit Stickbüchern.

Wie kommt man auf so eine verrückte Idee? Stundenlang mit einem Nädelchen in Stoff herumzupieksen, um danach eine Decke, ein Kissen oder ein Wandbild zu besitzen? Mit Anfang 20 kam Margarete Grandjot, deren Name auf die Hugenotten zurückgeht, zur Stickerei. »Meine Mutter hat mich zu einer Ausstellung mitgeschleppt – wirklich mitgeschleppt –, alleine wäre ich da nicht hin.« Die Ausstellerin, ihre Tante, stickte und war eine der Landfrauen von Ziegenhain. Da gehörte es sich, sich die Werke anzusehen. Doch dann war es um Margarete Grandjot geschehen. Seitdem hängt sie wortwörtlich an der Nadel.

Wer probieren möchte, ob er auch genug Liebe zum Detail, eine Prise Verrücktheit und Freude am Selbstgemachten hat, ist bei Margarete Grandjot im Kuhstall richtig!

Margarete Grandjot entwickelt immer auch kleine »Samstagsprojekte« wie das Lavendelbeutelchen, das auch von Anfängern an einem Tag fertiggestellt werden kann. Für die Klöppelarbeit braucht man etwas länger.

Kaffeewerkstatt und Café

Friedhelm Hubers Leidenschaft für Kaffee

Altdorf zog schon immer Menschen an. Der Ort selbst hat kaum mehr als 4500 Einwohner. Im winzigen, hübschen Ortskern stehen um die St.-Blasius-Kirche schöne Fachwerkhäuser. Aber von hier gingen wichtige Impulse aus, was unsere heutige Vorstellung von Umweltverbundenheit und das Ideal vom fairen Umgang der Menschen miteinander weltweit angeht – und das weit vor Weltläden und Fridays for Future. Johann Michael Hahn wurde am 2. Februar 1758 in Altdorf geboren. Seine Mutter starb früh und der Vater zwang ihn zu einer Metzgerlehre, die er als zu brutal empfand. Ab 1780 war sich Hahn sicher, dass seine Berufung eine andere ist. Er sprach in den örtlichen pietistischen »Privatversammlungen«. Bald kamen die Zuhörer auch von auswärts, die teils zwölf Stunden zu Fuß unterwegs waren, um den Laienprediger zu hören. Er sah jede Pflanze, jedes Tier, jeden Menschen als von Gott erschaffen an und predigte den brüderlichen Umgang miteinander. Altdorf wurde zur »heiligen Mitte Württembergs«. Hahns Geburtshaus steht unter Denkmalschutz und beherbergt das Heimatmuseum.

Friedhelm Huber liebt sein Heimatdorf. Er hat es gewagt, auf dem Land ein Café zu eröffnen, wie man es auch in Berlin oder München finden könnte. Er ist sich sicher, dass Menschen, die guten Kaffee lieben, nicht nur in Großstädten zu Hause sind, und in der Tat: Sein Konzept funktioniert auch auf dem Land.

Günstig ist der Kaffee in der Röstkammer nicht, aber auch Friedhelm Huber hat die Ideale Johann Michael Hahns verinnerlicht: den brüderlichen Umgang miteinander. »Mir ist es wichtig, dass ich beim Geldverdienen und am Ende des Tages kein schlechtes Gefühl habe«, sagt er. Nicht alle Kaffees haben ein Fairtrade-Siegel. Gerade für Kleinbauern und Kleinhändler ist die Zertifizierung zu teuer. Aber Friedhelm Huber ist bei einigen Produzenten schon persönlich zu Gast gewesen. So hat er etwa in der peruanischen Provinz San Martin den Kaffeebauern

RÖSTKAMMER KAFFEEWERKSTATT UND CAFÉ
Friedhelm Huber • Hildrizhauser Straße 5 • 71155 Altdorf
roestkammer.de • Tel. 07031/264 27 00

Friedhelm Hubers Tipp:

Friedhelm Huber empfiehlt denen, die das Ambiente seines Cafés mögen, die Besichtigung der St.-Blasius-Kirche. Auch sie ist schlicht. Sie ist innen hell, weiß getüncht und mit Naturholz ausgestattet.

Agustin Vega getroffen und sich zeigen lassen, wie dieser die Bohnen auf 1700 m ü. M. anbaut, die die Röstkammer als hell geröstete Sorte »Finca La Caoba« verkauft.

Die Kaffeebohnen aus Uganda stammen von einer Kooperative am Rwenzori-Berg. Kleinbauern aus den Provinzen Kasese, Bunyangabu, Kabarole, Rubirizi, Ntoroko, Bundibugyo und Kamwenge vermarkten gemeinsam ihre Ernte und bestehen zu Recht auf einen angemessenen Preis für ihre hochwertigen Produkte. Die Kundinnen und Kunden der Röstkammer tragen die Preise mit, was Friedhelm Huber freut.

Am Anfang seiner Arbeit hat der Röster noch nicht den Mut gehabt, direkt einzukaufen. Er hat mit Großhändlern zusammengearbeitet. Aber er will keine Sammelkaffees. Friedhelm Huber ist neugierig: »Welche Farm steckt dahinter? Ich will das wissen!« Und so strukturiert er nach und nach das Sortiment um, hin zu Kleinhändlern. Gerne kauft er bei Campa in Herrenberg, zwei Kaffee-Idealisten, die die Logistik übernehmen. Sie legen dabei aber das gesamte Preisgefüge offen, sodass nachvollziehbar ist, was die Pflanzerinnen und Pflanzer oder die Leute, die die Bohnen sortieren, erhalten und was für Transport und Handel eingerechnet wurde.

Wenn Friedhelm Huber über Kaffee spricht, merkt man ihm nicht nur die Leidenschaft für das Getränk an. Sondern auch die für das Netzwerk an Kaffeeliebhabern in Deutschland, dafür, voneinander zu lernen, zusammenzuarbeiten. Und dann ist da die Leidenschaft für die Technik der Trommelröstung, bei der die Hitze

auf drei Wegen übertragen wird. Die Bekömmlichkeit wird gesteigert, wenn man nicht höher geht bei den Temperaturen als 400 bis 600 °C und wenn der Kaffee lange in der Trommel bleibt. In der Röstkammer kommen nur zehn bis zwölf Kilogramm Rohkaffee gleichzeitig in die Trommel. Im Vergleich zum Durchlauf der Marktführer ist das ein Teelöffelchen. Auf Bildschirmen läuft ein Film im Verkaufsbereich des Cafés neben den Tonnen mit Kaffee und der Mahlmaschine, an der die Verkäuferinnen und Verkäufer den Mahlgrad für jeden Kunden nach dessen Trink- und Brühgewohnheiten einstellen. Der Sitzbereich mit Kamin liegt einen halben Stock darüber.

In dem hellen Café mit viel Naturholz hat Friedhelm Huber schon seinen 18. Geburtstag gefeiert. Das Gebäude war die private Feierlocation und privater Traum eines Zimmermanns. Der Kaffeeröster ist nebenan aufgewachsen. Nachdem der Zimmermann verstorben war, sei das Gebäude zugewachsen – bis Huber es wieder freilegte.

Friedhelm Huber ist gelernter Buchbinder und Druckmedientechniker. Huber gab seinen Beruf 2011 auf. Er kümmerte sich um den Haushalt und die Kinder und machte 2012 sein erstes Praktikum in zwei Espressobars in Franken und München, um Berufserfahrung in einer ihm neuen Branche zu sammeln.

Das von ihm anschließend eröffnete Café wurde sofort angenommen von den Bewohnern der Orte auf der Schönbuchlichtung, die beweisen, dass auch Leute vom Land einen Hauch von Großstadt und guten Kaffee schätzen.

Frisch gemahlen oder Bohne? Kundinnen und Kunden können auch den Mahlgrad entscheiden. Auch die Dekoration hat mit Kaffee zu tun. Die Tassen tragen das Firmenemblem. Und sogar der Milchschaum zeigt das Firmenlogo.

Smooth Tropical Freshpresso

Kühler Frucht-Smoothie mit Espresso-Touch

Zutaten

1 Mango zum Dekorieren
100 ml Tropical Smoothie (Mango, Banane, Maracuja, Apfel, Orange), gekühlt
100 ml H-Milch 0,3 % Fett (keine hochprozentige Milch verwenden > lässt sich für diesen Zweck schlechter kalt schäumen), gekühlt
70 ml Maracujanektar, gekühlt
50–60 ml Espresso, am besten hell oder medium geröstet

Außerdem

Tumbler
2 Eiswürfel (kein Crushed Ice)
Trinkhalm (wiederverwendbar, z. B. aus Glas)
Kleines Metallkännchen für den Espresso
Elektrischer Milchschaum-Quirl oder – wer hat – elektrischer Barmixer

Zubereitung

Zuerst aus der Mango zwei Spalten – etwa 3 mm dick – herausschneiden und für die Deko am Schluss beiseitelegen.

Dann den kalt geschäumten Frucht-Milchschaum herstellen: Dazu einen Eiswürfel, 100 ml Tropical Smoothie und 100 ml fettarme H-Milch in ein entsprechendes (hohes) Gefäß geben und kalt aufquirlen/aufschäumen. Das Ergebnis soll ein dickflüssiger, cremig und feinporiger Milchschaum sein. Beiseitestellen.

Einen Eiswürfel in den Tumbler geben (wenn's selbst gemachte, etwas kleinere Eiswürfel sind, gerne zwei Stück).

Als Nächstes die 70 ml Maracujanektar in den Tumbler gießen. Das ergibt die unterste Schicht des Getränks.

Nun den Espresso zubereiten – am besten gleich in einem kleinen Metallkännchen. Danach den Espresso vorsichtig über den Eiswürfel im Tumbler gießen. Bei vorsichtigem Eingießen bleiben der Maracuja-Nektar und der Espresso getrennt. Der Espresso »schwebt« auf dem Nektar.

Anschließend mit einem Löffel den bereitgestellten kalten Frucht-Milchschaum vorsichtig auf den Espresso löffeln, bis der Tumbler voll ist.

Vorsichtig den Trinkhalm platzieren und dann den Tumbler z. B. mit den zwei Mangospalten dekorieren. Durch die unterschiedlichen Temperaturen und Dichten der Flüssigkeiten ist ein Getränk in drei Schichten entstanden – sieht einfach mega aus!

Ellys Café

Französisches Café in Renningen

Ist es ein Kompliment zu sagen, dass ein Café unspektakulär ist? Ja! Ellys ist absolut unspektakulär – und das macht es so herausragend und außerordentlich.

Renningen ist kein Dorf und keine Stadt. Renningen ist keine Perle und wird zu Recht vermutlich in keinem Reiseführer der Welt erwähnt. Und das Ellys ist genauso unauffällig wie der ganze Ort. Von der Straße aus sieht man ein schmuckloses Gebäude aus den 50er-Jahren, als Schreinerei mit Wohnhaus errichtet. Darin befindet sich Elly Marschalls Teeladen. Gekauft hat sie es mit ihrem ehemaligen Mann, um dort ein Malergeschäft unterzubringen. Damals war die Diplom-Betriebswirtin aus dem Elsass noch Exportmanagerin. Bis sie eines Tages im Büro saß, und die Sonne schien. Aus dem Freibad hörte sie das Lachen der Kinder. Sie schaute sich an und ihre Haut war weiß. Und da habe sie sich gesagt: »Elly, du machst was falsch!« Sie wollte ihr Kind öfter sehen, war alleinerziehend, führte nicht das Leben, das sie sich vorstellte. Dabei hatte sie einen herzkranken Vater gehabt, der zweimal jährlich auf der Intensivstation behandelt werden musste. Sie hatte Leid gesehen, hatte ihn sterben sehen. »Ich wusste: Es ist so ein großes Glück, leben zu dürfen. Und dieses Glück will ich genießen und weitergeben.«

Alles begann, als sie 2006 den Laden für Tee im alten Ausstellungsraum ihres Wohnhauses eröffnete. Ihr jetziger Mann habe sie sehr unterstützt, nachts gearbeitet, um sie tagsüber im Laden ablösen zu können. 2011 kam zuerst eine Mini-Eisdiele dazu. Dann hat Elly Marschall die Werkstatt umgebaut, selbst, in Eigenleistung. Sie hat eine Rollstuhlrampe gebaut, weil sie niemanden ausschließen möchte. Auch das WC ist behindertengerecht, obwohl das bei der Größe ihres Cafés keine Auflage war. Sie hat ein extrakleines Kinderklo gebaut, damit Eltern mit ihren Kindern gleichzeitig aufs WC können. Sie hat Pariser Bistrostühle und Tischchen mit Marmorplatte in den Hinterhof gestellt. Im Innenraum hat sie Vorhänge aus demselben Brokat aufgehängt, wie sie in der Petite Chapelle bei Notre Dame hängen, und einen Wandbehang mit dem Eifelturm anfertigen lassen.

Manches wirkt improvisiert. Aber die Cafébetreiberin hat etwas gegen viel Getue. Es zählt, was drin ist. »In Frankreich sagen wir: Wenn die Fassade eines Cafés schön ist, dann musst du aufpassen! Wenn ein Café im Hinterhof sich

ELLYS CAFÉ

Bahnhofstraße 3/1 • 71272 Renningen • ellys-renningen.org • Tel. 07159/948 35 95

hält, dann weißt du, dass es gut ist.« Sie ist Französin und überzeugt, dass es Wichtigeres im Leben gibt als ein Auto mit beulenfreier Karosserie. Und sie schmunzelt, dass sich schon Gäste am Unkraut in den Pflanzkübeln gestört haben und Hackschnitzel mitbringen wollten. »Mein Oleander hatte im Jahr 380 Blüten. An denen freue ich mich! Es kommen Schmetterlinge. Ich habe nicht die deutsche Angst vor dem Unperfekten.«

Musik und Essen aber müssen wirklich gut sein. Essen ist eine Kunstform, findet Elly Marschall. Und was die Musik betrifft, so lässt sie nur Pianistinnen und Pianisten mit mindestens fünf Jahren Musikunterricht an die Tasten ihres roten Klaviers. Das Klavier hat dem verstorbenen Johannes Bair gehört, der regelmäßig aufgetreten ist. Manchmal bezahlt die Cafébetreiberin auch geübte Klavierschüler, um den Gästen eine Freude zu machen, meist gibt es die Getränke und das Eis aufs Haus. Wann mit Livemusik zu rechnen ist, hängt von der Spielfreude der Pianisten in der Nachbarschaft ab und davon, wer gerade Lust hat.

Manche Renninger haben lange gebraucht, bis sie sich hergetraut haben. Elly Marschall schmunzelt: »Kennen Sie das? Da gibt es Leute, die treffen sich auf der Straße, im Winter, reden miteinander 45 Minuten in der Kälte vor ihrem Haus, erfrieren fast, aber keiner der beiden sagt: Komm rein.« Bis die Schwaben irgendwo reingehen, das kann Jahre dauern. Sie habe Kundinnen, die seien zehn Jahre lang an ihrem Haus vorbeigegangen. Irgendwann seien sie in den Laden gekommen und haben auf Schwäbisch

Rot dominiert das Interieur. Das knallrote Klavier zieht die Blicke auf sich. Es ist nicht alleine Dekoration, sondern wer mag – und gut spielt – darf die Gäste mit Klaviermusik unterhalten. Im Sommer sitzen jedoch alle draußen.

gesagt: »Wenn Sie jetzt no da send, dann musses wohl was Rechts sein!«

Inzwischen trauen sich immer mehr Besucher in den Hof. Sie schätzen das exzellente Eis, das nicht mit Luft aufgeschlagen wurde und daher pro Kugel deutlich mehr wiegt als herkömmliches Eis. Sie genießen die Macarons und vor allem den Kaffee eines Mössinger Rösters, der durch seine schonende Röstung wenig Säure enthält. Der Kaffee hat kein offizielles Siegel, doch zahlt die Röstergilde den Bauern 40 Cent mehr pro Kilo, als für das Fairtrade-Siegel verlangt wird.

Oft gibt es spezielle Kaffees aus Projekten, die nachhaltige Entwicklung fördern. Und mitten im Café steht ein Tisch mit Erzeugnissen aus einem Projekt in Mali. Elly Marschall kennt die Gründer, eine Deutsche und einen Malier, persönlich. Sie lehren an einer Baumschule den Anbau von Moringa und das Herstellen von Seifen und Lebensmitteln. Offiziell dürfen die Dinge in Deutschland nicht verkauft werden, weil ihre Deklaration nicht dem deutschen Recht entspricht, aber sie werden gegen Spende abgegeben. Die im Café gegebenen Trinkgelder fließen ebenfalls nach Mali, in das Land mit der weltweit höchsten Rate an Analphabetinnen. Immer, wenn 150 Euro zusammengekommen sind, kann eine Frau eine zweijährige Ausbildung als Näherin beginnen und lernt lesen und schreiben – und erhält die Chance auf ein unabhängiges Leben. »Das Leben ist so ein Glück! Hier leben zu dürfen, ist so ein Glück. Ich will das den Menschen weitergeben.« Auch das Frauenprojekt in Mali gehört dazu.

Elly Marschalls Tipp:

Auf den elf Schautafeln des Bachlehrpfades am Grasweg entlang des Rankbaches können Spaziergänger viel über Tiere, Pflanzen und Geschichte erfahren. Elly Marschall liebt auch den Fahrradweg am Rankbach zwischen Renningen und Malmsheim.

Himbeertraum

Ellys fruchtig-süßes alkoholisches Dessert

Zutaten
1 Kugel Joghurteis
4 cl Waldhimbeerlikör
mit Grappa
kalte Milch
Erdbeertopping

Außerdem
Milchschäumer
Eiskugelportionierer
Metall- oder Holzstäbchen
Eisbecher

Zubereitung
Eine Kugel Eis in den gläsernen Eisbecher geben, den Likör darübergießen. Milch kalt aufschäumen und vorsichtig ins Glas setzen. Erdbeertopping schneckenförmig auf dem Milchschaum verteilen und dann mit dem Stäbchen Linien von der Mitte nach außen ziehen, sodass ein sternförmiges Muster entsteht.

Seelenschmeichler

Die Seelenschmeichler

Törtchen auf Sammeltellern

Wenn man das Café der Seelenschmeichler betritt, taucht man ein in einen Kindheitstraum. Von der Decke hängen Blumen. In den Regalen warten pastellfarbene Lollis auf Kindermünder. Auf den Tischen liegen Häkeldeckchen, die die Oma von Marika Schäfers Mann spendiert hat. Serviert wird von Blümchentellern, die die Inhaberin auf Flohmärkten gesammelt hat – und immer wieder kommen auch Kundinnen und fragen, ob das Café nicht ihr Streublümchenservice haben möchte.

Der Stil ist ein bisschen Vintage und ein bisschen »Alice im Wunderland«. Beim Einrichten hat sich die Konditorin nicht beraten lassen, hat kein auf eine Zielgruppe zugeschnittenes Konzept entwickeln lassen, sondern hat alles so umgesetzt, wie es ihr selbst gefällt. Die Farben der Törtchen, das Pink ihrer Schürze: Alles passt zusammen. »Ich mag es ein bisschen kitschig. Nicht zu kitschig, aber so, dass man reinkommt und sich wohlfühlt. Ich wusste, dass eher Frauen das schön finden werden und Männer höchstens kommen, weil ihnen die Kuchen genauso gut schmecken. Aber das habe ich in Kauf genommen!« Marika Schäfer lacht. »Männer trauen sich nur mit ihren Frauen herein.« Einmal, erzählt sie, sei sogar ein frisch verheiratetes Ehepaar gekommen, das soeben alleine auf dem Standesamt gewesen war und nun bei ihr ein Törtchen gegessen hat. Das habe sie berührt. Wenn ihr Café Erinnerungen an schöne Tage hinterlässt, dann sei das für sie erfüllend. Sie erzählt von einem Jungen, der jeden Freitag nach dem Schwimmunterricht mit seiner Mutter komme. Jede Woche dürfe er sich ein Törtchen aussuchen. »Vielleicht wird er sich, wenn er später an seine Kindheit denkt, daran erinnern, dass es da ein Café gab oder gibt, in dem die Törtchen so gut geschmeckt haben. Das würde mich freuen.«

Marika Schäfer hat selbst Kinder. Und erst als sie zum ersten Mal schwanger war, begann sie, Torten zu backen. Sie hatte aufgehört zu arbeiten und plante ihre Hochzeit. Keiner aber konnte eine Hochzeitstorte anfertigen, wie sie sich diese wünschte. Also begann sie selbst zu backen, erst einmal eine Probetorte und dann die für die Gäste. Sie gelang – und es folgte eine für die Babyparty. Irgendwann hatte sie das Backfieber erwischt, aber es gab nicht genügend familiäre Anlässe, um das Fieber zu lindern.

DIE SEELENSCHMEICHLER

Stadtgrabenstraße 5 • 71032 Böblingen • die-seelenschmeichler.de • Tel. 07031/429 27 47

So begann die Bürokauffrau, die dieser Beruf nie zu 100 Prozent erfüllt hatte, eine Ausbildung zur Konditorin. Der erste Betrieb der dualen Ausbildung verlangte, dass sie um drei Uhr beginnt. Um zwölf Uhr hatte sie Feierabend und holte das Kind aus dem Kindergarten. Sie sei fix und fertig gewesen. Das ging nicht. Sie wechselte in eine Teilzeitausbildung von sechs bis zwölf Uhr. Das ließ sich bewältigen. Wegen ihrer bereits abgeschlossenen ersten Berufsausbildung konnte sie die Berufsschuljahre auf zwei verkürzen.

In Böblingen ist Marika Schäfer zu Hause. Hier ist sie aufgewachsen. »Es ist schon ein hartes Pflaster«, gibt sie zu. Aber eine andere Stadt sei für sie für ihr Café nicht infrage gekommen. Eine Filiale in Tübingen, das geht – aber die Hauptstelle ist in Böblingen und muss dortbleiben. Es sei eine Herzensentscheidung gewesen, wieder hier zu wohnen und zu arbeiten. Hier sei die Familie – und hier treffe sie auch immer wieder alte Freunde zufällig in ihrem Café.

Wer ein- und ausgeht, sieht sie nicht immer, auch wenn sie es genießt, in das volle Café zu schauen, die Atmosphäre wahrzunehmen und zu beobachten, wie zufrieden die Besucherinnen und Besucher ihre Kreationen genießen. Marika Schäfers Platz in ihrem Café ist zusammen mit einer Meisterin und zwei weiteren Konditorinnen in der Backstube. Nur selten bediene sie auch, wenn jemand ausfalle.

Die Inhaberin hat überlegt, selbst noch die Meisterschule zu besuchen. Aber acht Monate Vollzeit, das gehe nicht, denn das käme zur Arbeit im Café dazu, das erst seit drei Jahren

Tischchen mit Blumenväschen stehen vor dem Laden – die Kissen haben ein verspieltes Blumenmuster nach dem Geschmack der Chefin. Die Törtchen haben die ideale Größe für eine Person und sind alle ein Augenschmaus.

existiert und aus dem sie sich nicht für mehrere Monate ausklinken könne. Sie habe einen Kredit aufgenommen für das Café, habe bei null angefangen, aber zum Glück: Es habe sich von Anfang an getragen, auch wenn der Einsatz wirklich groß sei. Freizeit kennt Marika Schäfer kaum. Samstag und Sonntag müsse man geöffnet haben. Das seien die wichtigsten Tage. Irgendwann, so ist ihre Hoffnung, wenn sie sich auf ein eingespieltes Team stützen kann, gibt es vielleicht wieder mehr Zeit für sich selbst.

In ihrem Betrieb bildet Marika Schäfer auch aus. Sie ist sicher, dass ihre Azubis mehr lernen als anderswo, denn in anderen Betrieben seien Motivtorten das Privileg des Meisters. Bei den Seelenschmeichlern werden Azubis an allem beteiligt und dürfen auch eigene Vorschläge machen. Bewerbungen gibt es immer wieder, das Café ist bekannt, es war sogar der SWR schon zu Gast.

Wer nicht gleich eine dreijährige Ausbildung durchlaufen möchte, der kann auch einen Kurs besuchen. Man kann Cupcake-Kurse, Dripcake-Kurse oder Motivtorten-Kurse belegen, bei denen jeweils acht Teilnehmerinnen und Teilnehmer vier bis fünf Stunden zusammen Tortenböden aufschneiden, füllen und vor allen Dingen verzieren. Die Teilnehmerinnen sind teilweise erst elf Jahre alt, teilweise im Oma-Alter. Selbst Junggesellinnenabschiede haben im Kursraum schon stattgefunden. Neben den Torten und Keksen, Lollis, Pralinen, Tafelschokolade und Frühstücksangeboten bekommt man in der Konditorei auch Tortenzubehör, um zu Hause selbst romantische Torten zu backen und sich ein bisschen wie Alice im Wunderland zu fühlen.

Marika Schäfers Tipp:

Wenn Marika Schäfer mal ihrer eigenen Seele schmeicheln will und sich eine Pause gönnen kann, dann geht sie in den Stadtgarten, um sich zu erholen. Man kann dort ein Eis essen, Tretboot fahren, sich auf eine Bank setzen oder mit den Kindern spielen.

Frühstücksmüsli

Marika serviert neben Torten auch leckeres Frühstück

Zutaten

500 g Naturjoghurt
70–90 g Zucker je nach Geschmack
1 Spritzer Zitronensaft
1 Packung Vanillezucker
Müsli nach Wahl, zum Beispiel Crunch-Müsli
200 g Sahne
Obst nach Belieben

Zubereitung

Alles außer dem Müsli und der Sahne miteinander verrühren. Die Sahne steif schlagen und unter die Joghurtmasse heben. Anschließend mit dem Müsli und Lieblingsobst servieren.

Strauss Album
Unvergessene Küche

Lore Wild

Die zeitlose Kunst des Flechtens

Geflochten wurde schon immer. Es ist eine uralte Kulturtechnik – und eine, die auf dem gesamten Globus ausgeübt wird. Zeiten und Menschen durch Flechten verbinden, das ist die faszinierende Mission von Lore Wild. Die Handwerkerin und ihr Atelier im Erdgeschoss des großelterlichen Bauernhauses sind der offensichtliche Beweis dafür, dass Tradition und Weltoffenheit sich wunderbar kombinieren lassen.

Ein Tischchen mit zwei Stühlen steht auf dem Gehweg in der ruhigen Gartenstraße in Oberriexingen, Lore Wild sitzt vor dem Fenster des Arbeitsraums, in einem Körbchen Weidenzweige mit frischen Blättchen. Bei einem Tee erzählt sie von ihrer Arbeit. Die Nachbarn grüßen. Hier in Oberriexingen spielt sich ein großer Teil des Arbeitslebens der Korbflechtmeisterin ab. Wenn es das Wetter zulässt, flicht sie hinter dem Haus. In der Regentonne weicht ein halbfertiger Korb ein, damit er zu Ende geflochten werden kann. Weidenruten sind an die Fassade gelehnt, um zu trocknen. Ein Schild weist Kundinnen und Kunden auf den Eingang hin. In der Scheune lagern Weiden, im Ausstellungsraum warten fertige Körbe und Objekte und in der Werkstatt steht ein Holzofen und alles, was man für die Korbmacherei braucht.

Von hier bricht die Flechtkünstlerin aber auch immer wieder in die Vergangenheit auf. Sie liebt die Herausforderung, Repliken zu flechten. Für das archäologische Museum in Konstanz etwa hat sie Fischreusen rekonstruiert, deren Abdrücke man bei archäologischen Forschungen in Lehm gefunden hat. »Nun hätte man auch noch wissenschaftlich untersuchen können, wie sich das Material im Schlamm verändert haben könnte«, meint Lore Wild. Sie kann nicht hundertprozentig garantieren, dass das, was sie in denselben Maßen nachgeflochten hat, die sie im Abdruck fand, genau so ausgesehen hat. Aber für Besucher wird durch die Reuse viel anschaulicher, wie unsere Vorfahren Fische fingen. Für den Römerkeller in Oberriexingen stellte Lore Wild nach antiken Darstellungen eine Kornwanne zum Worfeln von Getreide her, mit der man also das Korn in die Höhe warf, hoffte, dass der Wind die Spreu davonweht und die Körner wieder in die Wanne fallen.

Von Oberriexingen aus startet Lore Wild zu Märkten im In- und Ausland. Regelmäßig

LORE WILD
Gartenstraße 15 • 71739 Oberriexingen • lorewild.de • Tel. 07042/136 07

Lore Wilds Tipp:

Eine tolle Sehenswürdigkeit ist der Römerkeller in Oberriexingen. Schon vor 1800 Jahren haben Römer hier im Enztal Landwirtschaft betrieben; wie, das wird anschaulich in dem ehemaligen Keller einer ausgegrabenen Villa rustica gezeigt.

verkauft sie und gibt Kurse bei der Fête de la Vannerie im französischen Vallabregue, beim Rencontres autour du Saule in Bouxurulles, ebenfalls in Frankreich, oder beim Racó dels artesan in Mas de Barberans in Spanien. Der Austausch mit Kollegen ist ihr sehr wichtig, und sehr gerne übernimmt sie auch Techniken aus anderen Ländern.

In ihrem Ausstellungsraum zeigt sie Körbe mit katalanischem Boden, einem ganz anderen Flechtprinzip, als es bei uns verbreitet ist. Lore Wild verwendet die irische Lobster-Reusen-Technik, um grobmaschigere Geflechte herzustellen, und beherrscht die Burkina-Faso-Technik, die keineswegs nur in Burkina Faso verbreitet ist. Flechttechniken werden gesehen, übernommen, weitergegeben.

Flechten verbindet Menschen weltweit. Organisiert von der Handwerkskammer im Saarland, war Lore Wild schon zum flechtkulturellen Austausch in Südafrika. Auf dem Spätlingsmarkt in Ludwigsburg lernte sie eine Palästinenserin aus der Partnerregion kennen. Sie besuchten sich gegenseitig, Lore Wild flog nach Palästina. Ihre Gastgeberin hatte einen Kindergarten im Haus. Sie lud muslimische und jüdische Palästinenserinnen ein. Mehrere Tage lang wurde gemeinsam geflochten, auch wenn der Austausch nicht einfach war, aufgrund einer fehlenden gemeinsamen Sprache. Aber darauf komme es auch gar nicht an, und auch, dass viele der Frauen keine hauptberuflichen Flechterinnen gewesen seien, spielte keine Rolle. Wichtig sei gewesen, zusammenzukommen, jemanden aus einem anderen Land kennenzulernen. Die palästinensischen Korbflechterinnen hätten die Erfahrung gemacht, dass sie nicht isoliert seien, sondern, wie Lore Wild es nennt, »an etwas Großem teilhaben, etwas tun, was universell ist«.

Wenn man mit Lore Wild spricht, erkennt man, wie groß die Welt des Flechtens ist, wie umfangreich die Gestaltungsmöglichkeiten. Die Meisterin verwendet gerne ungeschälte Ruten in verschiedenen Farben. Je nachdem, wie viel Sonne sie beim Trocknen abbekommen haben, entwickelt sich die Farbintensität. Es gebe zum Glück wieder fast verschwundene Weidenfarben und nicht nur die geschälte, amerikanische Standardweide, freut sich Lore Wild. Sie flicht auch mit anderen Pflanzenteilen, mit Rucola, mit Hartriegel.

Lore Wild zeigt in einem Fotoalbum, was sie schon alles gestaltet hat: Balkongeländer, ein Lampenobjekt für das Rathaus, Hausfassaden, Wandgeflechte, auch Korbmöbel, doch auf die hat Lore Wild nicht mehr so große Lust. Man brauche Maschinen, doch das sei nicht das Einzige, was sie, die ihre Ausbildung in einem Möbelflechtbetrieb gemacht hat, stört: »Ich mag keine Serienproduktion, nicht jeden Tag dasselbe machen.« Sie stelle im Winter gerne auch Stuhlgeflechte her. Wenn man selbstständig sei, vom Flechten leben wolle, dann könne man nicht »schleckig sein«, sagt die Schwäbin. Aber wenn sie das ausschließlich machen müsste, wäre ihr das zu unkreativ. »Ich lerne gerne immer Neues dazu. Flechten bleibt ein Leben lang spannend.«

Als Material für Lore Wilds Werke dienen nicht nur Weiden. Diese sind jedoch das ideale Material für nutzbare Alltagskörbe. Für sie verwendet Lore Wild sie gerne wegen der Farbigkeit ungeschält. So entstehen Unikate.

Café Kaffee-Klecks

Hier werden fruchtige Torten serviert

Das alte Bürgerhaus mit dem aufwendigen Fachwerk direkt am weitläufigen Marktplatz ist der ideale Platz für ein Café. Im Sommer kann man unter Schirmen mit Blick auf das auf 54 Eichenbalken errichtete, imposante gotische Rathaus und den Marktbrunnen sitzen und sich unglaublich fruchtige Tortenstücke servieren lassen. »Ich mache aus einer Torte nur zehn Stück, nicht zwölf oder sechzehn, wie sonst üblich. Und manche Gäste sagen erst: Das schaffe ich nie! Aber dann, wenn ich vorbeikomme, ist der Teller doch leer. Es ist bei mir einfach mehr Obst drin, wenig Fett und wenig Zucker«, sagt Gudrun Lehmann, eine der beiden Café-Inhaberinnen. Sie hat sich alle Rezepte selbst ausgedacht und nie aufgeschrieben. Sie backt die unverwechselbaren Torten aus dem Gefühl – und das, obwohl sie eigentlich jahrelang beruflich als Beamtin im Landratsamt für die Wiedererteilung entzogener Führerscheine zuständig war und das Backen nicht gelernt hat.

Wie hat sich das Betreiber-Duo kennengelernt? »Schuld sind eigentlich unsere Hunde«, erzählt die Mitbegründerin und frühere Raumausstatterin Alexandra Büchner. »Gudrun und ich haben beide einen Hund aus dem Tierheim. Und die Hunde haben sich angefreundet – zuerst die Hunde, beim Gassigehen. Und dann die Kinder. Und dann auch wir. Wir haben in derselben Straße gewohnt in Markgröningen, als wir Kinder waren, wir waren auch auf derselben Schule, aber wir kannten uns nicht, ehe wir unsere Hunde hatten.« Die beiden sind fortan öfter zusammen mit den Hunden spazieren gegangen – und wollten anschließend einkehren. Aber es habe in Markgröningen kein Café gegeben. Und da haben sie im Spaß beschlossen, eins zu eröffnen.

Ebenfalls im Spaß habe Alexandra Büchner ihrer Mutter von der Idee erzählt. Und die brachte das Haus am Marktplatz ins Spiel, in dem sie früher selbst einen Jeansladen betrieben hatte und das inzwischen an ein Nagelstudio vermietet war. Gudrun Lehmanns Mutter meinte, ihre Tochter könne doch so super backen. Und so begann der Plan, aus drei Umkleidekabinen eine Miniküche zu machen und aus dem Laden ein Café, konkret zu werden. Die beiden Mütter helfen übrigens immer noch mit. Angestellte gibt es nicht. Putzen, backen,

CAFÉ KAFFEE-KLECKS
Marktplatz 5 • 71706 Markgröningen • meinklecks.de • Tel. 0176/50 15 65 26

bedienen, die Steuererklärung, alles machen die Gründerinnen des Cafés und ihre Familien selbst.

Aber zurück zum Anfang: Nachdem der Antrag auf Umnutzung ans Landratsamt gegangen und dort sieben Monate lang von dreizehn verschiedenen Behörden geprüft worden war, begann der Umbau – alles in Eigenleistung: malern, Tapeten kleben, Wände mit Steinen verblenden, Bankpolster kürzen und die Juwelen des Kronleuchters nach einer unverständlichen Anleitung zusammenbasteln, ehe die fleißigen Handwerkerinnen merkten, dass sie zuerst das Kabel hätten einziehen müssen. »Wir hatten von nichts eine Ahnung, aber viel, viel Elan!« Den merkt man den beiden Gründerinnen immer noch an.

Die zwei Betreiberinnen hatten anfangs an eine moderne Einrichtung gedacht, aber das hätte zum Haus nicht gepasst. Und so haben sie sich für klassisches Kaffeehaus-Ambiente entschieden: dunkle Möbel, eine goldene Tapete von Glööckler entworfen, ein winziges und doch stilvolles WC, einige goldene Kissen, echte, gefriergetrocknete Rosen und teils frische Blumen auf den Tischen, Spiegel, um den Raum optisch zu vergrößern, Sammeltässchen. »Schokobraun mit Gold-Touch und ein bisschen kitschig«, beschreiben sie selbst augenzwinkernd den Stil.

Erst hätten sie gedacht, vor allem den Geschmack älterer Gäste bedienen zu müssen. Und ab und an werde der Platz vor dem Café wirklich zum Rollatoren-Parkplatz. Aber am nächsten Tag stehen da Kinderwagen.

Zentraler geht es nicht. Das Café befindet sich neben dem Rathaus der entzückenden Fachwerkstadt. Die Betreiberinnen haben Mut zu ein bisschen Kitsch. Der Kronleuchter reflektiert das Licht.

Der Vorteil der beiden: Sie haben, wie sie sagen, keine Kunden. Die Gäste sind gute Bekannte, die auch mal selbst das Geschirr zurückbringen, wenn viel los ist. Die Klaviermusik hat ein Nachbar eingespielt, damit das Café keine Gema-Gebühren entrichten muss. Freitags gibt es ein Abendessen, immer nur eins. Mehr geht in der Küche nicht. Aber die Plätze sind dann alle besetzt. Niemand hat etwas dagegen, mit anderen an einem Tisch zu sitzen. Die meisten Gäste sind miteinander bekannt. Markgröningen sei eine Kleinstadt und viele Leute seien froh, dass es seit 2015 ein gepflegtes Café gebe. Gepflegt gehe es immer zu – auch zwischen den Gästen. Anfangs haben die Gründerinnen die Idee gehabt, auch Lesungen und Konzerte anzubieten, aber selbst für ein Klavier sei es zu eng – und die Leute kämen, um miteinander zu reden.

Nicht nur die Gäste kommen aus dem Ort, auch die Zutaten. Die Eier sind aus Schwieberdingen, die Softdrinks aus Bietigheim-Bissingen von »Südcola und Zitronenstolz« und auch die Biere und Weine sind regional. Nur beim Kaffee machen Alexandra Büchner und Gudrun Lehmann eine Ausnahme. Sie haben die verschiedensten Röstereien probiert, sich aber dann doch für Kaffee aus Braunschweig entschieden. Die Bohnen schwebten bei dem dort praktizierten Röstverfahren in der Luft und werden so von außen nach innen gleichmäßig durchgeröstet. Die Bohnen hätten keine Verbrennungen. Der Kaffee sei pro Kilo teurer – und das schmälere den Gewinn, aber, davon ist Gudrun Lehmann überzeugt: »Ein hervorragendes Café braucht hervorragenden Kaffee!«

Gudrun Lehmanns Tipp:

Um Markgröningen und seine Fachwerkarchitektur und Geschichte kennenzulernen, empfehlen die Cafébetreiberinnen den am Marktplatz beginnenden, ausgeschilderten Stadtrundgang. Im Café liegt ein Faltblatt aus, das Informationen zu den 30 Stationen gibt.

Himbeer-Heidelbeer-Torte

Auch für Gäste, die keine schweren Torten mögen

Zutaten

Für den Biskuit
4 Eier
25 g Puderzucker
100 g Zucker
75 g Mehl
50 g Stärke
10 g Backpulver
1 Päckchen Vanillezucker

Für die Creme
250 g Magerquark
250 g Joghurt, 10 %
50 g Zucker
5 Blatt Gelatine
600 g Schlagsahne

Vorbereitung

Tiefkühlhimbeeren leicht antauen lassen und pürieren, durch ein Sieb streichen, um die Kerne zu entfernen und mit Sirup und Zucker vermengen, falls mehr Süße gewünscht ist. Beiseitestellen.

Glasheidelbeeren inkl. der Flüssigkeit pürieren, ebenfalls durch ein Sieb streichen, um die Kerne und Häutchen zu entfernen und mit Sirup und Zucker vermengen, falls mehr Süße gewünscht wird. Beiseitestellen.

Biskuit

Die Eier trennen, das Eiweiß steif schlagen und das Eigelb mit 3 Esslöffel warmem Wasser weiß-schaumig schlagen. Zwischendurch hinzugeben: den gesiebten Puderzucker und Zucker und ein Päckchen Vanillezucker.

Danach das Eiweiß vorsichtig mit dem Backlöffel unter die Eigelbmasse heben. 75 g Mehl mit Speisestärke und Backpulver mischen, darüber sieben und vorsichtig unterheben. Das Ganze in eine 24- bis 26-cm-Springform füllen, welche zuvor mit Backpapier ausgelegt wurde und deren Rand gefettet ist. Nach der Fertigstellung sollte der Kuchen sofort für 25 bis 30 Minuten bei 175 °C in den Backofen. Mit der Stäbchenprobe testen, ob Teig nicht mehr hängen bleibt.

Den Biskuit auf ein Gitter stürzen und auskühlen lassen, danach zweimal mit Tortenschneidedraht durchschneiden, damit sich drei Teile ergeben. Einen Boden auf der Tortenplatte platzieren und einen hohen Tortenring darumlegen.

Creme

Folgende Zutaten in eine Schüssel geben: Magerquark, Joghurt, Zucker, alles mit Schneebesen vermengen. In der Zwischenzeit 5 Blatt Gelatine in kaltem Wasser einweichen, einzeln einlegen, damit sie nicht zusammenkleben, darauf achten, dass sie nicht zu glibberig werden, sonst lassen sie sich nur schlecht mit der Hand ausdrücken. Wenn sie weich sind, mit der Hand das Wasser ausdrücken. Die Masse in ein kleines Töpfchen legen und erwärmen, bis alles geschmolzen ist.

Danach (ganz wichtig) von der Creme-Masse 4 Esslöffel mit Pausen zur Gelatine geben (Temperaturausgleich), danach erst die Gelatinemischung zur Gesamtcreme geben und mit dem Schneebesen einrühren.

Für den Fruchtspiegel
340 g Heidelbeeren, 1 Glas
250 g frische Heidelbeeren
30 ml schwarzer Johannisbeersirup und Zucker (Menge ist Geschmacksache)
85–90 ml schwarzer Johannisbeersaft
350–400 g Tiefkühlhimbeeren
250 g frische Himbeeren
30 ml Himbeersirup und Zucker (optional)
2 Beutel Tortenguss rot

Außerdem
Springform (24–26 cm Durchmesser)
Fett für die Form
Tortenring

In der Zwischenzeit 600 g Schlagsahne schlagen und unterheben. Die Masse dritteln.

Fruchtspiegel Heidelbeer
150 ml vom zubereiteten Heidelbeer-Püree in einen Messbecher füllen und mit schwarzem Johannisbeersaft bis auf 235 ml auffüllen und in einem Töpfchen erwärmen. In der Zwischenzeit: Ein Päckchen Tortenguss rot mit wenig kaltem Wasser anrühren. Wenn das Heidelbeer-Püree leicht köchelt, den Tortenguss einrühren, so lange, bis es dicklich wird. Aus dem heißen Gefäß nehmen und leicht abkühlen, nicht ganz.

Fruchtspiegel Himbeer
150 ml Himbeer-Püree in einen Messbecher füllen, mit Wasser bis auf 235 ml auffüllen und in einem Töpfchen erwärmen. In der Zwischenzeit: Ein Päckchen Tortenguss rot mit wenig kaltem Wasser anrühren. Wenn das Himbeer-Püree leicht köchelt, den Tortenguss einrühren, so lange, bis es dicklich wird. Aus dem heißen Gefäß nehmen und leicht abkühlen, nicht ganz.

Weiterverarbeitung der Creme
In zwei Cremeteile die restliche Himbeerpüree-Mischung einrühren und in einen Cremeteil die restliche Heidelbeer-Püree-Flüssigkeit einrühren.

Schichtung
Auf den ersten Boden ein Viertel der Himbeer-Creme füllen und mit Himbeeren belegen (12 Stück für Tortendeko zurückbehalten), mit Himbeerfruchtspiegel begießen und im Kühlschrank 5 Minuten leicht anziehen lassen, danach mit einem weiteren Viertel der Himbeercreme bedecken. Zweiten Boden einlegen und diesen mit dem zweiten Drittel Himbeercreme bestreichen und frische Heidelbeeren in die Creme einarbeiten (die Hälfte der frischen Heidelbeeren übrig lassen für die Tortendeko).

Dritten Boden einlegen und das restliche Drittel der Creme (diesmal Heidelbeercreme) einfüllen.

Kurz kalt stellen im Kühlschrank für 5 Minuten, danach den Heidelbeer-Fruchtspiegel aufgießen als Tortenabschluss (wenn man nicht kalt stellt, sinkt der Fruchtspiegel ein und es vermengt sich etwas und ein marmorierter Effekt entsteht). Sollte er inzwischen zu fest geworden sein, kann man ihn auch noch in einem geeigneten Gefäß in der Mikrowelle wieder erwärmen.

Solange der Fruchtspiegel noch lauwarm ist, zügig frische Heidelbeeren und Himbeeren im Kreis oder musterförmig auflegen.

Katrin Köhler

Hochglanz aus den Holdergassen

Das Stadtviertel, in dem das Schmuckatelier von Katrin Köhler liegt, ist selbst ein Schmuckstück, auch wenn es, im Gegensatz zu den von ihr gefertigten Schmuckstücken, ursprünglich eigentlich eher ärmlich daherkam. Die drei parallel verlaufenden Holdergassen waren die Heimat für Ackerbürger, also eine Bevölkerungsschicht, die zwar für die Ernährung der anderen Stadtbewohner notwendig war, die innerhalb der Stadt aber weniger Ansehen hatte als Kaufleute oder Handwerker. Die schmalen Gassen mit originalem Kopfsteinpflaster und Blumenschmuck an den Häusern sind nicht nur von eng stehenden Bauern- und Weingärtnerhäuschen gesäumt, sondern ebenso von Scheunen, die teilweise heute zu Wohnhäusern umgenutzt wurden.

Die Obere Holdergasse wurde schon im 13. Jahrhundert bei der Stadtgründung von Marbach angelegt. Bauern gibt es hier heute nicht mehr. Ein Mähdrescher würde bei seinem Weg in das Gassengewirr zwischen Schillers Geburtshaus und dem Niklastor wohl stecken bleiben. Heute kommen hier mehr Touristen als Erntewägen vorbei. Die Feriengäste sind aber dennoch nicht die größte Käufergruppe im Atelier KatKoe. Die meisten Käufer sind Stammkundinnen, die Freundinnen und Töchter mitbringen und auch mal ein Mann, der einen Flyer des Ateliers bei seiner Frau entdeckt hat und ihr eine Freude machen möchte. Die Kunstwerke aus Silber und Emaille gibt es auch auf gehobenen Kunsthandwerkermärkten zu bestaunen und zu kaufen.

Der Meisterbrief der Goldschmiedin, ausgestellt von der Zeichenschule Hanau, die die Künstlerin nach einer dualen Ausbildung bei einem Juwelier in Schwäbisch Gmünd und der Gesellenzeit bei einer Schmuckkünstlerin in Mainz besucht hat, hängt rechts neben dem kleinen Emaille-Ofen über dem Arbeitstisch. An diesem Tisch im gerade mal zehn Quadratmeter großen Atelier erfolgen alle Arbeitsschritte hin zum fertigen Schmuckstück.

Verhältnismäßig viel Raum nimmt die Ziehbank ein. Man spannt auf ihr das angespitzte und durch die Öffnung der Schablone gesteckte Drahtende mit einer Zange ein. Danach wird gekurbelt. So kann man eckige oder runde Metalldrähte durchdrehen und in mehreren Schritten dünner machen oder je nach Form der Löcher

KATRIN KÖHLER

Obere Holdergasse 24 • 71672 Marbach am Neckar • katkoe.de • Tel. 07144/897 17 71

Katrin Köhlers Tipp:

Ein Platz, der Katrin Köhler besonders anzieht, ist der Aussichtspunkt auf dem Lemberg bei Affalterbach. Mit dem Fahrrad sind es vom Atelier aus etwa sechs Kilometer zum dortigen Biergarten 7 Eichen. Katrin Köhler liebt es, dort bei Sonnenuntergang in die Ferne zu sehen und Livemusik zu erleben.

im Vorsatz ovale Ringschienen ziehen. Daneben gibt es eine Blechwalze und eine Spindelpresse, eine sogenannte Trauringmaschine, mit der Ringe nach Kundenwunsch weiter oder enger gemacht werden können.

Die Objekte der Künstlerin sind eher klein und verlangen Präzision. Am Anfang eines neuen Schmuckstücks für die Kollektion steht ein Kupfer- oder Silbermodell, in das das neue Muster gefräst und gestichelt wird. Dieses Modell wird abgegossen. So entsteht die Gussform, mit der Katrin Köhler in einer Silbergießerei Rohlinge herstellen lässt. Die müssen nachgearbeitet werden. Dann wird die pulverförmige Emaille mit Wasser zu einer Paste verrührt und mit dem Pinsel aufgetragen. Sie fließt beim Schmelzen im Ofen in die Vertiefungen des Rohlings. Das Emaillieren erfolgt in mehreren Schichten, bis die Einkerbungen mit der leuchtend-strahlenden, glasähnlichen Emaille ganz gefüllt sind. Das Durchscheinen des Silbers lässt die Farben brillieren. »Kein Lack kann solche Brillanz erzeugen«, davon ist Katrin Köhler überzeugt. Als nächster und letzter Arbeitsschritt wird das Schmuckstück abgeschliffen. Eine glatte Oberfläche entsteht und funkelt in den lampenartigen Vitrinen im Atelier, bis das Objekt eine Käuferin findet.

Alle Ringe fertigt die Emailleurin für Kundinnen in deren Größe an. Silberallergiker seien zwar selten. Dennoch: Wer auf Silber in den Ohren empfindlich reagiert, für den lötet die

Kunsthandwerkerin auch Ohrstecker in Gold an. Es wird ohnehin jedes Schmuckstück einzeln im Ofen gebrannt, um die Temperatur und Zeit an Größe und Stärke des Metalls auszurichten. Auf Sonderwünsche – die passende Farbe zur Lieblingsjacke – geht die Gestalterin gerne ein.

Wenn man den Laden betritt, so sind es die klaren, kräftigen Farben, die ins Auge springen. Das liegt auch am Mobiliar. Sitzgelegenheit für Kundinnen und Kunden bieten ein niederes Stühlchen und eine Bank, die gepolstert und mit Stoffen in verschiedenen Mustern bezogen sind. Mit ihrem knalligen Pink fallen sie auf, obwohl sie mit Rücksicht auf die geringe Größe des Ateliers zierlich sind. Sie stechen genauso ins Auge wie in den angebotenen Stücken oft vorkommendes, reizendes, klares Eisblau, frisches Maigrün, leuchtendes Violett und sattes Türkis. »Ich habe keine Lieblingsfarben für meinen Schmuck. Das sind alles meine Farben. Ich finde sie alle schön«, sagt die Künstlerin, an den pinkfarbenen Türrahmen neben ihrem Schaufenster gelehnt.

Die Meisterin arbeitet und verkauft in demselben Haus, in dem sie mit ihrem Mann und ihren Töchtern wohnt. Wein rankt sich an der Fassade empor. Um seinen Stamm ist ein Bänkchen gezimmert. Vor dem Haus stehen Kübel mit Blumen. Das Häuschen ist ein Kleinod. »Die Verkäufer wollten das Angebot nicht an die große Glocke hängen. Sie wollten jemand Nettes.« Katrin Köhler lächelt. Jemand Nettes haben sie mit der zugewandten Kunsthandwerkerin, die überlegt antwortet und sachlich erklärt, auf alle Fälle gefunden.

Auf die silbernen Rohlinge wird die Emaille aufgebracht, durch die das Metall nach dem Brennen durchscheint. Es gibt jeweils zusammenpassende Ketten, Ohrringe und Armschmuck, die aber auch einzeln durch ihre Farbigkeit auffallen.

Sigrid Artmann

Beschreiben als Kunst

Kasernen und historische militärische Anlagen aus zwei Jahrhunderten bestimmen das Bild der Stadt Ludwigsburg. Für die Soldaten des Herzogs Eberhard Ludwig von Württemberg (1677–1733), dem Gründer Ludwigsburgs, gab es aber in der jungen Stadt noch keine Kasernen. Die Soldaten waren in Bürgerhäusern in Ludwigsburg und in den Dörfern der Umgebung untergebracht. Auch die Häuser in der Schlossstraße, gegenüber dem Schlossgarten, beherbergten Reiter. In den Hinterhöfen gab es früher Ställe und die Raumhöhe ließ auch Helmbüsche zu. In einem der Häuser an der viel befahrenen Straße liegt, von außen an den Kalligrafien an den Fenstern zu erkennen, eins von Sigrid Artmanns Ateliers. In Gerlingen arbeitet sie zudem an größeren Arbeiten in einem Gemeinschaftsatelier.

Im Flur vermutet man einen Schuhtick der Schreibkünstlerin. Sie trägt die Schuhe aber nicht selbst. Es handelt sich um Schuhe der Marke Dr. Martens, die die gelernte Industriekauffrau bei Events beschriftet. Die gesamte, ehemalige Ulanenwohnung ist ausgestattet mit Antiquitäten und Schriftkunstwerken, einem beschriebenen Tisch, beschriebenen Glasfensterchen an der Vitrine – und immer wieder Stilbrüchen, etwa Modepuppen mit Schriftdekor.

Der Stilbruch, das Aufbrechen von Regeln, das Enttäuschen von Erwartungen, das Kombinieren von Gegensätzen, von Moderne und Tradition, zieht sich durch die Arbeiten von Sigrid Artmann. In einigen Schriftbildern an den Wänden werden traditionelle Schreibstile mit Graffitischriften kombiniert. Sprachen stehen einander gegenüber. Oft aber verwendet Artmann die englische Sprache, auch, weil der Kreis der Auftraggeber international ist.

In den Regalen der Künstlerin finden sich alle Arten von Tuschefedern aus Metall, Gänsekiele, aber auch Pinsel. Fasziniert ist Sigrid Artmann von der japanischen Kalligrafie mit dem Pinsel, dem Shodo. Gerne lässt sie sich dabei zusehen, wie ein Bild entsteht, denn die Entstehung in einem Guss ohne nachträgliche Korrekturen, die Körperhaltung, die Handhaltung, all das ist entscheidend für die Wirkung des Schriftstücks. »Die Bewusstheit, das Atmen – Shodo ist auch Lebensart. Wenn Japaner schnell was schreiben wollen, dann nehmen sie auch

SIGRID ARTMANN
Schriftkunstwerkstatt: Schlossstraße 5 • 71634 Ludwigsburg
schrift-kunst-werkstatt.de • Tel. 07141/97 82 94

GEIST
RECHT

Sigrid Artmanns Tipp:

Ein Geheimtipp: der Park Marienwahl neben der Feuerwehr. Dort befinden sich die Ruinen des Gestüts König Wilhelms, der bis zu seiner Krönung 1891 lieber in dem kleinen Landgut lebte als im opulenten Schloss. Mystischer Ort mit morbidem Charme.

Bleistifte oder Kugelschreiber. Sie machen die besten der Welt«, ist Sigrid Artmann überzeugt. »Man kann sich beim Schreiben mit dem Pinsel eben nicht auf dem Handballen abstützen, kann nicht die Hand über den Tisch führen, sondern braucht entsprechend mehr Körperspannung.« Sigrid Artmann reibt die feste Tusche auf dem Suzuri an, dem Reibestein, tunkt den Pinsel mit dem ganzen Haar in die Flüssigkeit. Dann beugt sie sich über den großen Arbeitstisch mit bunten Klecksen. Wenn die Spitze auf das handgeschöpfte Reispapier aufgesetzt wird, muss der Schwung stimmen. Den lernt Sigrid Artmann bei Nohoh, einer japanischen Kalligrafin: »Ich lerne viel Technik, aber auch viel Disziplin.«

Sigrid Artmann überträgt den Schreibfluss auf unser lateinisches Alphabet. Neben den freien, künstlerischen Arbeiten entwirft Sigrid Artmann Logos, gestaltet hochwertiges Werbematerial, Weinetiketten, Einladungen und Briefumschläge für besondere Events wie Hochzeiten oder Jubiläen, aber auch Privates. Ein Auftrag, dessen Ausführung sie heute noch rührt, war das Abschreiben eines Liebesbriefes, den ein heimlicher Verehrer seiner Angebeteten zukommen lassen wollte.

Die Kalligrafin, die sich als Künstlerin versteht, die den Drang hat, sich über Kunst auszudrücken, findet es aber ebenso essenziell, ihre Kenntnisse weiterzugeben. »Wenn man Anleitungsbücher schreibt, muss man genauer schauen: Wie mach ich das eigentlich? Man macht sich bewusster, was man da tut«, erklärt die kleine Frau mit den wilden Locken und dem bayerischen Akzent. Sie hat bereits zwei Kalligrafiebücher verfasst und zwei Kunstbücher, in denen sie ihre Arbeit vorstellt. »Da geht es auch darum: Was treibt mich an? Und auch das Unterrichten. Ich brauch das. Das ist Geben und Nehmen. Das bereichert mich. Das beeinflusst mich.« Sigrid Artmann lernt immer weiter, lässt sich unterrichten und gibt Unterricht in Deutschland, Österreich und der Schweiz. Unter den Lernenden sind viele Künstler, die eigentlich andere Ausdrucksformen haben, die aber Schrift in ihre Bilder bringen wollen, die sich daran schulen wollen, Zwischenräume zu sehen, Schrift als Bild zu betrachten.

Ein Highlight, so sagt Sigrid Artmann, sind für sie in jedem Jahr die Kurse vor Ort im Staatsarchiv. Was dort aufbewahrt wird, sind für die Künstlerin nicht schlicht alte Akten, sondern es sind Schätze der Handschrift. Mit den Teilnehmerinnen – selten auch Teilnehmern – schaut sie historische Schriften an und übt sie ein.

Die alten Schriften sind Inspiration – und Sigrid Artmann entwickelt auch neue. 2017 entstand »Bold Beauty«. Mit dieser Schrift sind die Atelier-Fenster beschriftet. Auf einem prangt spiegelverkehrt das Wort »Leben« in weißer Flüssigkreide. Der Blick fällt aus dem Atelier durch die Buchstaben auf das Barockschloss. Die traditionellen Formen werden gebrochen durch die aktuellen Buchstaben dazwischen. Sinnbildlicher kann man die Kunst Sigrid Artmanns nicht beschreiben.

Die Künstlerin verwendet oft englische Texte, weil auch ein großer Teil ihrer internationalen Kunden im Internet auf sie stößt. Japanische Schriftzeichen beherrscht sie nicht, wohl aber japanische Kalligrafietechniken mit Tusche.

Tatjana Seehoff

Kunst-Stoffe mit Wolle, Seife und Seide

Tatjana Seehoff hat ein Faible für Dinge, die Geduld verlangen. Sie sagt, das hatte sie schon immer. Und sie liebt Dinge, die sich entwickeln. So hat sie sich während ihres spannenden Lebenslaufs zwischen dem Germanistikstudium in Leipzig und der Arbeit als Textilrestauratorin in Hamburg in Prag zur Spitzenklöpplerin ausbilden lassen. Das sei, sagt sie, in ihrem »früheren Leben« gewesen. Einzelne Werke sind noch in ihrer Werkstatt zu sehen. Die Kunsthandwerkerin hat sich inzwischen von Klöppelkissen und Klöppelbriefen verabschiedet. »Die benötigte Zeit für die Spitzen bezahlt heute keiner mehr.« Aber Tatjana Seehoff verwendet für ihre textilen Schöpfungen weiter Spitzen von Flohmärkten oder was immer ihr Bekannte so bringen und was zur weiteren Verwendung in den Kisten ihres Ateliers verschwindet.

Von einer zeitintensiven Handarbeitstechnik ist sie zur nächsten gewechselt. Tatjana Seehoff erzählt, dass Teilnehmerinnen (und selten gibt es auch Teilnehmer) ihrer Kurse sich wundern, dass die Herstellung von Filzobjekten unter ihrer Anleitung immer mindestens eine Stunde länger dauert als bei anderen Kursleiterinnen. »Aber dafür hält es dann auch!«, ist die gründliche Walkerin überzeugt. »Manchmal sehen Sie Filze, die noch wollig sind, wenn Sie darüberstreichen. Das verzieht sich doch!« Taschen aus dem »Atelier Tys« halten dagegen was aus. Es ist eine anstrengende Arbeit, die Wolle zu walken und mit den Rollen immer und immer wieder über das entstehende Stück zu walzen. »Ich muss auch öfter am Arbeitstisch die Seite wechseln und darauf achten, dass ich die Schultern nicht zu lange belaste, aber das, was Zeit braucht, ist mein Ding. Ich koche auch gerne zeitaufwendige Gerichte«, erläutert die Kunsthandwerkerin ihren Arbeitsstil.

In ihrem hellen Atelier steht mittig ein großer Arbeitstisch. Er ist mit demselben Noppenmaterial belegt wie der Fußboden der Staatsgalerie Stuttgart – nur in Rot. Im Regal stehen Taschen und ein lustiger robuster Filzkorb mit gefilzten Blättern und angenähten Früchten; doch entstehen zurzeit filigranere Stücke, durchbrochene und beinahe durchsichtige Umhänge und Westen sowie Hüftschmeichler und Schals.

TATJANA SEEHOFF
Atelier: Weilimdorfer Straße 42 • 70825 Korntal-Münchingen
tys-werkstatt.de • Tel. 0711/838 66 62

Nuno-Filzen ist eine japanische Filztechnik, mit der man zarte Stoffe wie Seide, Chiffon oder feinste Wollgewebe mit Merinowolle verbindet. Die Härchen der australischen Wolle schlüpfen bei sanftem und geduldigem Einmassieren durch das Gewebe. Mit Olivenseife aus Marseille, die basisch genug ist, werden die Haarschuppen aufgestellt und haken ineinander, sodass sich Seide und Wolle untrennbar verbinden. Die Wolle wird dabei wie zu einem Klebstoff, mit dem sich auch Pailletten, Häkeldeckchen und andere Fundstücke auf das Kleidungsstück aufbringen lassen, ohne dass dies beschwert wirkt. Beim Walken schließen sich die Schuppen wieder. Es schrumpft die Wolle und mit ihr wird das darunterliegende Gewebe gerafft. Es entsteht eine Crincle-Struktur.

Manchmal sind die den Schals zugrundeliegenden Seiden einfarbig, doch teilweise wurden sie auch in einem ersten Schritt bedruckt – und zwar mit Blättern. Nicht alles, was grünt und blüht, ist geeignet. Manche Blätter färben auch nur zu einer bestimmten Jahreszeit. Um zu veranlassen, dass Blätter ihre Struktur auf den Stoff übertragen, wird dieser in der Regel gebeizt. Dann werden die Blätter aufgelegt. Eukalyptusblätter bekommt Tatjana Seehoff geschenkt. Sie hinterlassen wegen der ätherischen Öle einen roten Abdruck. Kastanienblätter sind aufgrund ihres hohen Gerbstoffgehalts auch gut abzudrucken, ebenso Perückensträucher. Unreife Haselnüsse färben ab. Doch einen der schönsten Umrisse drückt Frauenmantel auf den Stoff. Tatjana Seehoff, die in Gehweite zum Atelier wohnt, genießt es, einen Garten zu

Tatjana Seehoff filzt oft alte Spitzen mit ein, die sie sammelt – bis sie einen Verwendungszweck für sie findet. Der Handmodel diente zum Bedrucken von Stoffen. Bei der angebotenen Kleidung handelt es sich um Unikate.

haben, und dort hat sie für ihre Druckarbeiten eigens den Frauenmantel kultiviert.

Liegen die Blätter auf dem Schal, so wird dieser aufgerollt. Nun muss er ein Dampfbad überstehen. Die Abdrücke werden durch die feuchte Hitze fixiert. Erst beim Abrollen weiß man genau, ob der Druck gelungen ist. Auch die Farben sind nicht immer vorhersehbar, wobei Tatjana Seehoff nachhilft und auf Rat ihrer Tochter (»Tu doch mal wieder Farbe ran«) auch die Pflanzendrucke farbig schimmern lässt. Bei manchen Schals verzichtet Tatjana Seehoff auf einen weiteren Arbeitsschritt mit Filz.

Tatjana Seehoff ist nicht die Erste in ihrer Familie, die Kunsthandwerkstechniken für Geduldige liebt. Sie ist die Enkelin der Handdruckerin Camilla Sitte. Die Enkelin hat ihre Großmutter nicht kennengelernt. 1938 starb sie, nur 32 Jahre alt, bei der Geburt ihres zweiten Kindes. Geerbt aber hat sie die Handmodel aus Holz, auf denen die Handdruckerin Muster aus Linoleum geschnitzt hat, mit denen sie und ihr Mann Lausitzer Reinleinen, Cretonne, Nessel, Halbleinen und Zellwolle bedruckt haben. Tatjana Seehoffs Großmutter hatte Mitte der 20er-Jahre Textilgestaltung an der Kunstschule Plauen studiert und alle Muster selbst entworfen. Die alten, dünn gewordenen Tischtücher aus der Vorkriegszeit hält die Enkelin in Ehren und auch die Druckmodel. Sie setzt sie nicht in ihrer traditionellen Funktion ein, sondern schafft aus den alten Mustern etwas Neues – mit Zeit und Geduld.

Tatjana Seehoffs Tipp:

Besuchern – besonders solchen mit Kindern – empfiehlt Tatjana Seehoff einen Spaziergang zur Arche. Im Grünen liegt ein Stall in der Form eines Schiffs. In ihm befinden sich Ställe, die Küche und ein Speisesaal. Der landwirtschaftliche Betrieb, der ein Projekt der örtlichen Brüdergemeinde ist, bietet Schullandheimaufenthalte und Kurse an.

Register

Orte und Personen

Rezepte

Impressum

Verantwortlich: Sabine Klingan
Lektorat und Redaktion: Marion Landwehr
Layout: Elke Mader
Repro: Repro Ludwig Prepress
Kartografie: Bruckmann Kartografie, Heidi Schmalfuß
Herstellung: Bettina Schippel
Printed in Slovenia by Florjancic

★★★★★

Sind Sie mit diesem Titel zufrieden? Dann würden wir uns über Ihre Weiterempfehlung freuen. Erzählen Sie es im Freundeskreis, berichten Sie Ihrem Buchhändler oder bewerten Sie bei Onlinekauf. Und wenn Sie Kritik, Korrekturen oder Aktualisierungen haben, freuen wir uns über Ihre Nachricht an J. Berg Verlag, Postfach 40 02 09, D-80702 München oder per E-Mail an lektorat@verlagshaus.de.

Unser komplettes Programm finden Sie unter www.j-berg-verlag.de

In diesem Buch wird aus Gründen der besseren Lesbarkeit das generische Maskulinum verwendet. Weibliche und anderweitige Geschlechteridentitäten werden dabei ausdrücklich mitgemeint, soweit es für die Aussage erforderlich ist.

Empfehlung der Redaktion
Sie sind auf der Suche nach weiterführender Literatur? Dann empfehlen wir Ihnen den Titel »Cafés und Ateliers im Fünfseenland« von Angelika Dietrich und Angelika Röder. Oder Sie werfen einen Blick in den Titel »Hofläden und Manufakturen im Fünfseenland« von Angelika Dietrich und Louisa Marie Summer. Hier werden Sie bestimmt fündig.

Bildnachweis: Alle Bilder im Innenteil stammen von der Autorin.

Umschlagvorderseite: Großes Foto: Hof Heukeshoven (S. 40)
Kleines Foto: Die Seelenschmeichler (S. 130)
Umschlagrückseite: Schafherde aus Karton, Valentin Vitanov (S. 32)

Die Deutsche Nationalbibliothek verzeichnet diese Publikation in der Deutschen Nationalbibliografie; detaillierte bibliografische Daten sind im Internet über http://dnb.d-nb.de abrufbar.

ISBN 978-3-86246-773-0